70歳からの人生の整え方

「自分のリズム」で元気に生きる！

Hidenori Sakurai
櫻井秀勲

きずな出版

はじめに

70歳になったら、人生を整えることを始めましょう

「ととのった！」

最近、若い人たちのあいだでサウナが人気です。週に何度も通うような「サウナ愛好家」（通称サウナー）という人たちもいて、そのサウナーが、サウナで最高の快感の域に達すると、体が「ととのった」「ととのう」というそうです。

「ととのう」というのは「整う」「調う」と字が当てられますが、この意味は、「乱れのないように形をきちんとしている」「必要なものがすべてそろっている」「点検して望ましい状態になっている」ということです。

本書のタイトルは、70歳からの人生の「整え方」としました。

この世に生まれ、学び、働き、子どもやビジネスを育て、親たちを見送って、まだまだ、その最中にいるという人もいるかもしれませんが、とりあえずは、人生の終盤に立つのが、「70歳」という年齢です。

40代、50代の頃を思えば、体力は衰《おとろ》え、いつのまにか老後を迎えている自分に、愕然《がくぜん》としている人もいるかもしれません。

でも、人生100年時代の今、「70歳」は「老後」ではありません。

私は1931年生まれで、2021年の今年は90歳になります。

70歳になってから、20年が過ぎました。

私が70歳になった2001年（平成13年）は、アメリカでは大規模な同時多発テロ（9・11）がありましたが、当時の日本人男性の平均寿命は78・07歳、女性は84・93歳です。20年後の今は、男女ともに80歳を超えていますが、当時の感覚としては、70代は間違いなく、老後でした。

私は82歳で出版社を起こしましたが、70歳の頃には、そろそろ現役から少しずつフェードアウトすることを考えていたのです。

でも、私の運命はそれを許さず、この20年で体験したことは、当時の私からすれば、嬉しい誤算の連続でした。

そうして、この20年を振り返って、70歳のあなたに伝えたいことは、まだまだ楽しい人生はこれからだ、ということです。

自分らしく生きるということでいえば、70代こそ、それを通しやすい時代です。義務も義理もなく、自分が望むことができる。それが私は、70歳という年齢ではないかと思うのです。

そのために、まずは、自分自身を整えていきましょう。

サウナーが「ととのう」状態とは、血流がからだ全体をめぐることで、頭も気持ちもスッキリする、ということのようです。

私たちの生活、人生も、めぐりをよくすることが大切です。

ＷＨＯ（世界保健機構）は、「健康とは、肉体的、精神的、および社会的に完全に良好な状態であり、単に疾病または病弱の存在しないことではない」と定義しています。

70歳になったら、何より健康であることが第一だと私は思っていますが、健康であるためには、「ととのえること」です。

「これから、どうなるんだろう」

自分の年齢や状況を考えたときに、そうした不安を感じたことがない、という人はいないでしょう。ことに新しい年を迎えたり、これまでと環境が違ったりしたときには、尚更《なおさら》です。

コロナ禍《か》を境として、それ以前、それ以後では、私たちの暮らしは大きく変わりました。それまで、漠然《ばくぜん》としながらも思い描いていた「70代」とは、まったく違ったものになってしまいました。

そんな中でも、私は希望があると思っています。

いや、大きな希望をもって生きていくことができます。第二次世界大戦とその後の敗戦を体験したことで、人はそのように生まれついている、と私は思っています。

いまの状況や、老後を迎えることで、不安になっても無理はありません。

けれども私は、「これからのこと」は不安を感じるより、楽しみにするほうがいいと思っています。

そして実際に、いつも、そうしてきました。

これからのことを思えば、不安や心配は尽きません。コロナ禍の今は、とくにそうでしょう。いままで「あたりまえ」にできていたことが、「あたりまえ」にできないことが多くなりました。

それでも、人生は楽しむことができます。

90歳の私でも、これからの楽しみがあるのですから、私より若いあなたであれば、「これから」がそれこそ、楽しみです。

本書では、私自身または、私の周囲の人たちが実践していること、親しい医師たちから教えてもらったことなどを交えながら、その整え方をお話ししていきたいと思います。

読み終わったあとに、サウナのあとのような爽快感《そうかい》をもって、あなたができることから始めていただけたなら、少し先を行く者としての役割をわずかながらでも果たせるように思います。

櫻井秀勳

70歳からの人生の整え方【目次】

第2章

「体」を整える

自分のリズムを守って、健康を保つ！

第3章 「心」を整える

何事もプラス思考で、乗り越えよう！

第4章 「人間関係」を整える
少しずつ、つき合い方を変えていこう！

第5章

「働き方」を整える

いまだからできることを、やっていこう！

第6章

「環境」を整える

動きやすさを、優先しよう！

第7章

「お金」を整える

残すお金についても、考えておこう！

70歳からの人生の整え方

「自分のリズム」で元気に生きる!

第1章

「見た目」を整える

いくつになっても、若々しい人！

老けて見える人には共通点がある

最近では、見た目では年齢がわからない人が多くなりました。

実際の年齢を聞くとびっくりしてしまうほど、若く見える人がいます。

そして、若く見える人ほど、健康で、意欲的に動いている人が多いように思います。

「人は見た目が9割」といわれますが、見た目を変えれば行動も変わる、といい換えることもできます。

私は人相を観ますが、人相学で、若く見える人と老けて見える人のいちばん大きな違いは、口角《こうかく》、口の両側です。

漫画などを見るとわかりやすいですが、老人といえば、口角は下げて描かれます。役者が老人を演じる場合も、下顎《あご》を突き出すようにして、口角を下げます。

それだけで、「老人」になってしまうのです。

さあ、あなたの口角は、どうですか？

ふだんから文句ばかりいっていると、口角は下がってきます。

副総理の麻生太郎さんは80歳です。若いときにはそうではなかったと思いますが、最近は、たいてい口がへの字になっています。そうなると、若さとか老い以前に、「不満顔」となって、人を遠ざけてしまいます。

人を遠ざける人は、運も遠ざけます。

昔から「笑う門には福来たる」といいますが、口角を上げると「笑顔」になります。

「つらいときに笑ってられない」という人もいるでしょうが、私は、そんなときこそ、作り笑いでも、笑顔になることが大切だと思います。

意識して、口角を上げていきましょう。

それだけで、10歳若返るといっても過言ではありません。

口角を意識すると、唇《くちびる》も気になってきます。

ふっくらとした唇は魅力的ですが、これは女性に限りません。

リップクリームといえば、女性のものと思っている人もいるかもしれませんが、いまは男性用のものも、いろいろ販売されています。

リップクリームだけでなく、男性用化粧品も、化粧水などの肌ケア商品から、アイライナーなどのメイクアップ商品まであります。

女性でも、「70代になったら、もう化粧なんかしなくてもいいでしょう?」という人もいますが、70代だからこそ、いろいろ手入れが必要になってくるともいえます。

なにも若い人たちと同じような化粧をしろ、というのではありません。

自分の見た目に意識を向けることが大事なのです。

シャツやスーツにも流行はある

「新しい服を買うことはなくなった」という人は、少なくないでしょう。

コロナ禍で、外出や会食の機会がなくなって、服飾メーカーは大打撃を受けたはずです。そうでなくても、一線を退く年齢になると、新しい服は、ほとんど必要なくなります。すでにクローゼットは満杯ではないでしょうか。

私のクローゼットもご多分に漏《も》れず、古いスーツやシャツであふれています。40代の頃から体型も、それほど変わっていないので、着られない服というのもありません。

けれども、私は毎年、誕生日にスーツを新調するようにしています。たったそれだけで、また1年長生きできる気になるからです。

もう90歳にもなるのに、そんな必要はないと思うでしょう？

「着られる服があるのに、新しく購入するのはもったいない」

と、じつは私自身、思っていたところがありました。

オーソドックスなワイシャツやスーツの型というのは、決まっています。流行もないはずで、だからこそ、若いときには、「いいものを選べば、長く着られる」と思っていました。実際、10年たっても着られるものもあります。

けれども、やはり流行はあるのです。色や柄の他に、襟の高さや幅、上着やズボンの幅、丈などにも、その年によって好まれる傾向があります。

よく流行は繰り返す、といいます。一周まわって、20年前に流行《はや》ったスタイルが、また流行りだす、ということはたしかにあります。

私は長く週刊誌の編集長をしていましたから、そのあたりのからくりには精通しています。流行がどうつくられるかということを見てきました。

その視点でいうなら、たしかに流行は繰り返されますが、それでも、まったく同じではありません。

どんなに昔風のスタイルでも、やはり現代のアレンジが加わるわけです。

若い人が古いスタイルをすれば、それだけで新しくなりますが、古い人間が古いスタイルをすれば、古いだけになります。

私は経営者とも会いますが、そのスタイルを見ただけで、この人は早く衰える、古くさくなる、もしかしたら早く死ぬ、ということがわかります。

いうまでもなく、新しいファッションをしている人は、若く見えます。

それに、やはり新しい服を買うと気持ちが明るくなります。

たとえ部屋着であっても、楽しい気分になれるのです。

けっして高価なものである必要はありません。自分をワクワクさせるものを選びましょう。私の知り合いの女性は、「孫の世代が着るような服を、つい買ってしまう」と笑っていました。好きなものは似合うものです。

このワクワク感が、長生きの秘訣なのです。

髪型でイメージは9割決まる

見た目の印象は、ヘアスタイルでも大きく変わります。

いまの髪型は、いつから、そのスタイルにされましたか？

女性は、30代の頃から変えていない、という人がときどきいます。

それがダメだというわけではありませんが、顔にシワも増えて、髪の質や毛量が変わっているのに、髪型だけは昔のまま、というのではどうでしょうか。

もしかしたら、いまの肌や髪に合うスタイルが他にあるかもしれません。

若々しく見える人というのは、そうでない人と比べて、変わることを楽しむことに長《た》けているように思います。

前でお話ししたファッションもそうですし、またコロナ禍のような時代の変化というものにも臨機応変に対応できると、ネガティブな状況でも、ポジティブに変わることができます。

男性の場合、髪型を変えたくなくても、禿《は》げてしまったことで変えざるを得なかった、という人もいるでしょう。それがコンプレックスになっている人もいますが、新しい自分のスタイルとして上手に生かしている人もいます。

また、いまはカツラや増毛の技術も進歩、進化しています。それらを利用することで、若々しさを保っている人もいます。

この10年で日本人を見た場合、ヘアスタイルがいちばん変化したといっても過言ではありません。とくに、髪の色といえば、昔は染めても、黒髪か栗色と決まっていましたが、いまはピンクやブルーにする人もいます。若い世代だけかと思いきや、「これまではできなかったこと」として、60代、70代でトライするという人もいます。

髪の色やネイルは、業種、会社によって制限されている場合も多く、定年になったのを機に、自分の好きなスタイルにするということもあるようです。

私は、生まれつき天然パーマで、それが子どもの頃からコンプレックスでした。そのために髪をいじられるのがイヤで、妻にカットしてもらっていました。美容院に行くようになったのは、70歳になってからです。

担当の美容師さんは、私のもともとのヘアスタイルを生かしつつ、「リチャード・ギア風」にアレンジしてくれているそうです。「～そうです」というのは、私からのお願いは「できるだけ手早く」ということだけで、スタイルはおまかせしています。自分ではどうしたらいいかわからないし、わからないことは、プロにおまかせするのがいい、と思っているからです。

見た目と同じで、ヘアスタイルでイメージは9割決まる、といっても過言ではありません。思いきって、新しい美容師さん、理容師さんにお願いするのは、いかがでしょうか。

颯爽《さっそう》と歩ける靴を選ぶ

「おひさしぶりです」

そういって、デヴィ夫人が約束の場所に現れたとき、私は思わず、目を見張りました。まもなく80歳になるとは信じられないほど、若々しく見えたからです。

あなたは「芸能人だから、あたりまえ」と思うかもしれません。たしかに、芸能人というのは、一般の人とは、それこそオーラが違って、年齢を超越している人が多いものです。

デヴィ夫人は、もともとは芸能人ではなく、インドネシアのスカルノ元大統領夫人ですが、私が初めて会ったときには、まだ20歳にもなっていなかったと記憶しています。

それはともかく、それから60年という時間が過ぎたにもかかわらず、昔と変わらない夫人に、私は「さすが！」と感じたものですが、それがなぜなのかは、わかりませんでした。

そんな私を見透《す》かしたのか、夫人は、「見て見て！」とロングドレスの下の、足先を出したではありませんか！

彼女は、素敵なハイヒールを履いていました。私は、それを見て、本当にびっくりしました。80歳の女性が履けるヒールとは、到底思えません。

驚くほどの高さなのです。日本女性で、これほどのハイヒールを履きこなせる人は、そうはいないでしょう。11センチの高さだそうです！

帰り道、並んで歩いたのですが、私より速いくらいで、颯爽としたスタイルでした。

彼女のいうには、健康法や痩身法など、いろいろやるより、ヒールの高い靴を履くだけで、スマートになれるし、スタイルも整うし、若さも保てるというのです。私もその通りだと、思わず唸《うな》ってしまいました。

デヴィ夫人は、誰も気がつかないようなところで、努力しているのだと、あらためて感心してしまいました。

以前、知り合いの女性が、美容院に行ったときに、その日の靴によって用意される雑誌が違う、といっていたのを思い出しました。

美容院では、施術中のサービスに雑誌が置かれているのが定番ですが、常連でない客の場合には、どんな雑誌が好みかは、悩ましいところです。その人の雰囲気に合わせて、ファッション誌や週刊誌、グルメ雑誌などを数冊選んでくれるわけですが、それが靴によって違う、というわけです。

たしかに、靴には、その人らしさが出るものです。女性であれば、デヴィ夫人のようなハイヒールや、男性でも紐《ひも》付きの革靴などを履く人は、それなりのこだわりやステイタスをもっているものです。歩きやすく、履き心地のよい靴を選ぶ人は、生活全般において、格好よりも実用性を優先していることがわかります。

服やバッグなどは、それほどのこだわりがないという人でも、靴だけは、そうはいかないところがあります。

サイズの合わない靴は、歩きにくいものです。私は70歳になってからは、とかく軽いものを選んで履いています。いまは革靴でも、相当軽いものも出回ってきました。

靴が重いと、それだけで歩くのが億劫《おっくう》になって、そのうちに歩かなくなってしまうのではないかと思うのです。若い頃には、重い靴でも颯爽と歩けたはずですが、その意味では、それだけ年をとったということです。

デヴィ夫人のハイヒールは、いわば男の革靴です。それを履いて、颯爽と歩いていることに、本物の若さを感じます。

でも、私に言い訳させていただけるなら、本当に大切なのは、どんな靴を履いているかではなく、颯爽と歩けているかということです。

自分が颯爽としていられる靴を選ぶのが一番だと思います。

「〜らしさ」にとらわれない

70歳になって、いちばん気をつけたいのは、「70歳らしくなる」ことです。

「70歳らしい髪型」で、「70歳らしい服装」をして、「70歳らしいバッグ」を持ち、「70歳らしい靴」を履く……と、「おじいちゃん」「おばあちゃん」のできあがりです。


若づくりをしなさい、というのではありません。無理な若づくりは、それこそ傍目《はため》にも、その無理が見えてしまって、痛々しく思えるものです。

でも、その逆で、70歳になったからといって、無理に70歳らしくしよう、などと思う必要もないわけです。

時代は、自由になりました。

昭和という時代では、服装や髪型を見ただけで、その人の年齢や職業、既婚か未婚か、子どもがいるかいないかといったことも、ある程度はわかったものです。「結婚したら、独身の頃と同じような服は着られない」というようなことが、暗黙のルールとしてあったからです。いまは、そうしたルールは存在しません。あなたの子どもや孫を見ても、その自由さがわかるのではないでしょうか。おそらく、あなた自身も、あなたの親が元気であれば、「そんな格好をして！」とびっくりする、と思いませんか？

それはともかく、どんなことでも制限がはずれていくのはよいことでしょう。けれども、それにもかかわらず、私たちは、知らないうちに自分で制限をかけていることがあります。そして、それによって、自分自身を窮屈《きゅうくつ》にしてしまうようです。

先日、大手企業の社長に会ったときのことです。

「どうして櫻井先生は、いくつになっても変わらず、お若くしておられるのですか」と聞かれました。

もちろんお世辞《せじ》も含まれていることは承知していますが、それでも悪い気はしません。話を聞いていると、彼は、どうやら「社長である自分」にとらわれているように思いました。

会社が大きくなって、その代表をしているということで、「その立場にふさわしい自分」にならなければと思っているのです。

それで、貫禄《かんろく》を見せるため、髭《ひげ》を伸ばしたり、高価なものを身につけるようにしているということでした。スーツも経営者や企業のトップが行く洋服店でつくっているのでしょう。だから、若々しいファッション性が失われてしまうのです。

それ自体は悪いことではありませんが、社長らしくあることを意識する余り、新しさが以前よりもなくなっているように感じました。

「若さと新しさ」はエネルギーです。元気のいい会社の経営者には、そのエネルギーがあります。

「若々しくない社長」はそれだけエネルギーが低く、それは経営にも影響するといっても過言ではありません。

私自身、若々しさを維持したいと思うのは、自分の会社のエネルギーを下げたくないということもあります。

経営者にとって大切なのは、貫禄を見せるより、エネルギッシュであることです。それは、経営者に限りません。どんな立場であろうとなかろうと、エネルギッシュな人は、若々しく、そのために人も運も集まってきます。

「らしさ」を大事にするなら、「自分らしさ」を優先して、「70歳らしさ」「経営者らしさ」「主婦らしさ」「親らしさ」は、この際、脇に置いておきましょう。

意識して背すじを伸ばす

年をとると、身長が縮んでいきます。

背骨の椎間板《ついかんばん》が、水分の減少によって薄くなるために、平均的な人では、40歳以降では10年で1センチも縮んでしまうそうです。

つまり、90歳になる私は、40歳のときに比べて、5センチは縮んでいる計算になります。実際、正確に測ると、30代から4～5センチ、背が低くなっているようです。

70歳のあなたも、自分が思っているよりも2～3センチは、身長が低くなっている可能性があります。

正月のおせち料理には海老が使われますが、「海老のように腰が曲がる」まで長寿であることに縁起をかついだものです。長寿は結構ですが、実際に腰が曲がるのは困ります。

腰が曲がるのは、脊椎《せきつい》の圧迫骨折によって、背骨がつぶれてしまうからです。圧迫骨折というのは、荷物を運ぼうとしたときなどの、ちょっとした衝撃だけでも起こるもので、その主な原因は骨粗しょう症だそうです。

骨粗しょう症は、骨密度がスカスカになって、骨の強度が低下してしまいます。加齢と運動不足に加えて、女性ホルモンであるエストロゲンが欠乏することで起こりやすくなり、そのため閉経後の女性に発症しやすいといわれています。

腰ではなく、背中が丸まって、前屈《かが》みになる人がいますが、それは、背中の筋肉が低下するためです。筋肉が弱くなって、背中を支えられなくなるのです。

このように、年をとると、どんどん小さくなりがちです。

そうならないためには、意識して、それらの原因を予防することです。

まずは、背すじを伸ばして、よい姿勢を保つようにしましょう。

それだけでも、背中の筋肉を鍛《きた》えることになります。

通勤の際、私は何冊かの本を持ち歩いていますが、そのせいで鞄《かばん》は重くなります。そんな重い鞄をもつことで、背中の筋肉を鍛えられるような気がしています。

また、本や書類を読むときには、つい背中が丸くなりがちです。それで、オフィスの椅子を替えることにしました。

それまでは、椅子の上でもあぐらをかける、少し幅の広いものを使っていたのですが、姿勢をただすため、あぐらはやめることにしました。そうなると、その椅子では、腰が痛くなるようになったのです。

新しい椅子は、きちんと座れば、腰を包み込むようで、骨盤の位置がただされるようです。おかげで一時は丸くなりかけた背中が、少し伸びたように思います。

また家族など周囲の人たちに、背中を丸めていたら注意してくれるように頼んだこともよかったように思います。気がついたら直す、背すじを伸ばすだけでも、老化を減速させる効果があるようです。

自分の香りにも気を配る

老化といえば、加齢臭を気にする人は少なくないでしょう。

自分の匂いというのは、自分にはわかりにくいので、余計に気になります。知らず識《し》らずに、自分が加齢臭を振りまいているのではないかと心配になるからです。

そもそも加齢臭というのは、体が酸化することが原因です。皮脂腺の脂肪酸が、年を重ねることで増加されて、それが酸化して、いわゆる「おじさん臭」を放《はな》つわけです。

男性では、40代~50代がそのピークとなって、70代、80代になると、加齢臭がなくなるということもあるようです。もはや酸化する脂もないほどに枯れているともいえますが、ものごとは明るい面を見ていきましょう。

70代になったら、男性は、それほど加齢臭を心配することはないということです。

では女性の場合はどうかというと、残念ながら、そうとはいきません。

「おじさん臭」ともいわれる加齢臭は、もともと男性特有で、女性には、ほとんどないと思われていました。それは、女性ホルモンの働きによって、酸化が緩和《かんわ》されていたためです。

ところが、その女性ホルモンが、加齢によって低下するために、女性は、70代、80代になっても、男性のように加齢臭がなくなることはないということがわかってきました。

もちろん、だからといって、それを気に病《や》むことはありません。

体臭は誰にでもあるものです。

また、その人の匂いは、体臭だけでなく、服などに、その家の匂いがついていることもあります。

いまはアロマをたいたり、ルームスプレーを利用したり、部屋の匂いを自分の好きなものにして楽しんでいる人も少なくないでしょう。

いい香りに包まれた生活は、よい気を運んでくれます。

私は、その日の気分で香水をつけることもあります。

香水には、男性用、女性用、あるいは、フローラル（花）系、シトラス（柑橘《かんきつ》）系、ウッディ（樹木）系など、それこそ数え切れないほどの種類があります。

売り場に行けば、実際に匂いを試すこともできるでしょう。

香水は、つける人によって、その人の体臭と合わさって、香りは変化します。つまり同じ香水でも、まったく違っていくわけです。それが、香水の楽しみ方でもあります。

体臭は、変わるものです。いまの自分に合う香水を見つけるのも、楽しみの一つになりますね。

第2章

「体」を整える

自分のリズムを守って、健康を保つ!

健康で長寿こそが勝ち組！

90歳になった私が実感するのは、70歳以降の人生は、健康であるかどうかによって大きく変わるということです。

仕事にしても、家族や人間関係のことにしても、人生に悩みは付き物です。

コロナ禍で、人と会ったり、外に出かけたりということが自由にできないときには、孤独を感じたり、先のことが不安になったり、心配の種は尽きません。

それでも、健康でありさえすれば、「何とかなる」と思えるものです。

70歳になれば、見た目は若さを保っていたとしても、やはり足腰は弱ってきます。50代、60代のときには簡単にできたことも、うまくいかないことが増えます。

体力が衰えたことを実感します。

それでも、90歳の私から見れば、まだまだ70代は若さが残っていますが、自分自身では、そうとは思えないかもしれません。

持病があって、定期的に病院に通っている人も少なくないでしょう。

「はじめに」で紹介した通り、WHOは、健康を「肉体的、精神的、および社会的に完全に良好な状態であり、単に疾病または病弱の存在しないことではない」と定義しています。

病気をしたり、そのために体力がなくなっていたりしても、体も心も「良好な状態」であることが、健康だといっているわけです。

なおかつ、社会的にも良好な状態でなければなりません。

心理学では、マズローが人間の欲求を次の5段階の階層で理論化しています。

（1）生理的欲求

（2）安全の欲求

（3）社会的欲求と愛の欲求
（4）承認（尊重）の欲求
（5）自己実現の欲求

これらの欲求が満たされていくことで、人は成長するといわれています。安心して、自己実現を果たすことができるわけです。

これは、WHOの健康の定義にも当てはまるのではないでしょうか。たとえ病気になっても、治療が受けられ、つまり安全を確保できて、自分が社会にとって必要とされていることを認識できれば、それは「良好な状態」といえるでしょう。健康である、といえるわけです。

自分にとっての「健康な生活」について考え、それを実践していきましょう。それが、「体」を整えることにつながります。

お腹が減ることをしよう

私は、よく食べます。この年になってまでも、朝昼夜、そして深夜の一日4食を欠かすことがありません。

深夜に食事をするのは、私が夜型で、寝るのが午前3時くらいになるからです。80歳くらいまでは、寝るのは朝の午前5時くらいでした。週刊誌の編集長時代からの習慣が続いていたのです。

当時は、朝10時くらいに起きて朝食、昼くらいに事務所に行って昼食、夜は午後8時前後に食事をとり、9時から11時くらいまで仮眠したあとは、朝の5時まで原稿を書いていました。そうすると、深夜の1時くらいにはお腹がすいて、4度目の食事となるわけです。

ただし、深夜の食事は、パンとミルク程度です。それを食べると、また力が湧いてきて、原稿が進むのです。

いまは寝るのが少し早くなって、午前3時くらいです。

82歳で出版社を起こしたことで、午前中に会社に出ることが多くなったためです。それでも、普通の人たちからすれば、いまだに夜型で、深夜の食事は、あいかわらず続いていて、一日4食となるわけです。

私は、食べられることは、健康のバロメーターだと思っています。

年をとると、太りすぎてメタボになったり、それによって生活習慣病を引き起こすといわれます。食べすぎは体によくないものと考える人が多く、「一日4食」というと、驚かれることが少なくありません。

けれども、食べすぎに注意しなければならないのは、せいぜい60代までです。70歳になったら、食べたいと思っても、それほど食べられるものではありません。

私の「一日4食」も、自分ではよく食べているように思いますが、10代、20代の人たちの食べる量からすれば、それほど多いとはいえないでしょう。

それでも、「お腹がすいた」と思えることが、元気の源のように思うのです。

仕事をやめたり、あるいは子どもたちも巣立って家事も減ったりすることで、70歳の運動量というのは、知らず識らずのうちに、少なくなっていきます。

家にいる時間が多いと、ほとんど動かないということもあるでしょう。そうなると、お腹もすきません。食べなければエネルギーも蓄えられないので、動かなくなるという悪循環になります。

無理をしても食べたほうがいいというふうには、私は思いません。70歳を過ぎたら、自分の好きなようにするのがいちばんいいと思っているからです。

健康にいいものを食べたり、飲んだりすることも大切ですが、ここまで生きてきて、なにも嫌いなものを我慢して摂《と》ることはないと思うのです。

でも、食べられないのは、つまらないと思いませんか？

私が食いしん坊だから、そう思うのかもしれませんが、80歳、90歳になっても元気な人は、総じて、よく食べます。

それだけ行動しているから食べられる、ということだと思うのです。

70歳を過ぎたら、お腹が減る生活を心がけましょう。

それは、必ずしも運動しなければならないということではありません。

頭を使うのも、エネルギーを消費するようです。私が原稿を書いていて、深夜にお腹が減るのも、それだけ頭を使っているせいだと思います。

文章を書くというのは、頭を使うものです。それに重い資料を片手で持ち上げるだけでも、力を使います。運動は苦手だという人は、運動するかわりに、文章を書いてみるのはいかがでしょうか。

書くことがないという人がいるかもしれませんが、そういう場合には、自分の人生を振り返って、思い出を書くことをオススメします。

書いているうちに力も湧いて、その分、お腹もきっと減るはずですよ。

夜更《ふ》かしの時間を楽しむのもいい

前でも書いた通り、私は夜型です。

昔から、年寄りは朝早く起きるものだというイメージがありますが、私は早起きは、それほど得意ではありません。

朝に会議やセミナーがあるときには、その時間に間に合うように起きますが、何もなければ、たいてい起きるのは、早くても午前8時から9時くらいです。

普通の会社員であれば、とっくに出勤している時間でしょう。

会社をやめても、その習慣が抜けず、朝は早く起きているという人は少なくないかもしれません。

作家の本田健さんは、大富豪の朝は、「今日は何をしようか」と考えることから始まると、本に書かれていました。それだけ、何にも縛られていない、ということです。

会社をやめたり、子どもを学校に送り出す必要がなくなった今、あなたの朝も、大富豪と同じではないでしょうか。

もはや、あなたを縛るものは何もありません。

だとしたら、夜型の私としては、ぜひ夜更かしすることをオススメします。

夜の時間というのは、家族がいるいないにかかわらず、昼よりも静かなものです。たいていの人たちは眠っているわけですから、自分だけが起きているような気持ちで、すごすことができます。

ただ起きていても退屈ですが、一人だからこそできることが、いくらでもあります。

前でオススメした思い出を文章にしてみるのもいいですし、本を読んだり、テレビで映画やドラマを観たりするのもいいでしょう。

昔なら映画を家で観ようと思ったら、DVDを買ったり借りたりしなければなりませんでしたが、いまはNetflix《ネットフリックス》やHulu《フールー》などの動画配信サービスで、映画から音楽、スポーツなどなどが簡単に、観られるようになっています。

最近の若い人たちは、テレビを見なくなったそうですが、そのかわりにYouTube《ユーチューブ》を見ているようです。

YouTubeは、スマホでもパソコンでも、ネットを通して無料で観られる配信サービスで、YouTuber《ユーチューバー》といわれる人たちが、さまざまに動画を配信しています。

私も2020年から、YouTuberのはしくれになりました。「櫻井秀勲の書斎」という番組を2日に1回くらい、配信しています。

ここでは、夜更かしをオススメしましたが、もちろん、夜ではなく、昼でもいいのです。

大事なことは、自分の時間を楽しむことです。自分の好きな時間に、好きなことをしていきましょう。

70歳を過ぎたら、歩くことは義務

あなたは毎日、どれくらい歩いていますか?

私は90歳になっても、いえ、90歳だからこそ、できるだけ歩くことを自分に課しています。会社にも毎日出ていましたが、朝の通勤には、バスや地下鉄を使うようにしています。とくに地下鉄には長い階段があるので、脚を鍛えるには絶好です。

ただしコロナ禍となった今は、ステイホームで、それができなくなりました。

それで、毎日、散歩に出るようにしています。

朝は忙しいので、夕方の30分くらいですが、必ず外に出て、２０００歩程度を歩いています。運動というほどではないかもしれませんが、毎日、同じような時間にそれをすることで、それが気分転換にもなるようです。

外の空気を吸うだけでも、体がスッキリするような気持ちになります。

体だけでなく、頭までもスッキリして、短い時間ですが、急に原稿のアイデアや新しいプランを思いつくこともあります。

歩くときには、できるだけ背すじを伸ばして、歩幅が狭くならないように気をつけています。元気な人は歩幅が大きいのです。私は1歩、65〜70センチを意識しています。

そうすると、勢いがつくのか、速いスピードで歩けるようです。

散歩のときには、まわりに人がいないのですが、コロナ禍の前には、通勤の際、駅に着いて歩く人たちの中でも、颯爽と歩いている人を見つけては、その人に追いつくように歩いていました。

私は、子どもの頃から負けず嫌いで、誰かのあとをついて行くのはイヤなのです。

それで、勝手に一人競争をして、追いつくほどに歩けると、「まだまだ自分は若い」と自信をもって、その日をすごせるのです。

70歳になったら健康であることが何より大事だとお話ししてきましたが、歩けることが、健康の証です。

昔から、「子どものときには頭を鍛えよ。中年になったら、内臓を鍛えよ。老人になったら、足腰を鍛えよ」といわれるほど、足腰は大事です。

私は80代のときに、階段を踏み外して、背中を打ってしまったことがありましたが、そのとき、2週間ほど入院しました。1週間はベッドから降りられなかったのですが、たった1週間で足は細くなり、歩くための厳しいリハビリを受けました。

このときは圧迫骨折を起こしていたのですが、それほどひどいものではなかったのです。もしも私が80代ではなく40代であれば、入院の必要もなかったほどでした。でも、80代となると、それをきっかけに寝たきりの生活になることがあるそうです。

私の担当医は、そうならないようにするため、厳しいリハビリを私に課したのでした。

筋肉は、毎日使わないと落ちていきます。70歳を過ぎたら、一度落ちた筋肉はつきにくいのです。

体を整えるためにも、足腰を使うことを意識していきましょう。

けれども、私のように転んだりしないようにすることも大切です。

毎日の散歩は欠かしませんが、雨の日など、足が滑《すべ》りやすいときなどは、無理をしてまで出ないようにしています。

足腰を鍛えることと同じくらい、ケガをしないことも大事だからです。

「若い自分」を過信することは危険です。そのことは、忘れないようにしてください。

信頼できるホームドクターとつき合う

コロナ禍では、「発熱したら、かかりつけ医に電話で相談してください」ということがいわれました。そのときに、「かかりつけ医なんていない！」と思った人は少なくなかったようです。

日本医師会のホームページによれば、「かかりつけ医」とは、「なんでも相談できる上、最新の医療情報を熟知して、必要な時には専門医、専門医療機関を紹介でき、身近で頼りになる地域医療、保健、福祉を担う総合的な能力を有する医師」と定義されています。

困ったときに何でも相談できる専門家がいるのは、心強いものです。

私は、雑誌の編集長時代から、医師に限らず、そうした存在の価値が身にしみていました。

医師や弁護士、会計士、税理士など、素人ではどうにもならないときに、それらの人たちに相談することで、問題が解決したり、複雑な手続きを代行してもらえたり、ということがあります。

とくに医師の場合には、命がかかわっています。かかりつけ医のおかげで、命拾いできたということもあるわけです。

アメリカには「ホームドクター制度」というのがあって、ケガをしたり病気になったりしたときに、ともかく最初に相談する医師がいるそうです。

その状況で、病院を紹介してもらうこともあれば、市販薬などでの対処を指導してもらうこともあるようです。医療費が高いアメリカならではの制度で、保険制度が整っている日本では、誰でも保険で治療を受けられるので、そんな必要はないように思うかもしれません。

けれども、コロナ禍で、診察がすぐに受けられないということが起きている今は、状況が変わってきていると思います。今後は、意識的に、かかりつけ医、ホームドクターをもつ人が増えるかもしれません。

その際には、自分より少しだけ若い医師を選ぶことです。同世代や高齢の医師だと、自分より先に死んでしまう可能性もあります。かかりつけ医、ホームドクターというのは、一生つき合ってもらわなければなりませんから、自分よりも年下のほうがいいわけです。

また医療は日進月歩。どれだけ新しい情報を知っているか、ということも、大切です。

医師というのは、知り合いの先生方を見ていて思うのですが、偉くなっても、勉強会などに参加している方が多く、とても忙しそうです。そういう先生には横のつながりもあって、こちらの状況に応じたクリニックや医師を紹介できる、ということもあるようです。

歯科、眼科、耳鼻科とも上手につき合う

大人の歯は、親知らず（基本４本）を抜くと28本ありますが、70歳では平均すると15本になっている、というデータがあります。つまり、半分以上が抜けてしまっているわけです。

そのために、入れ歯やインプラントにするわけですが、ときどき、入れ歯のサイズが合っていないのではないかと思う人がいます。

話し方、声の出し方で、それを感じるわけですが、本人にとっては、しゃべりにくくなったり、入れ歯がはずれやすくなったり、また食べるときに痛みを感じたりするようです。

入れ歯はオーダーメードですから、ぴったり合うようにつくられるはずですが、

入れ歯を支える顎の骨が、加齢によって痩せて小さくなると、いつのまにか、ブカブカになっている、ということがあるのです。

なぜ加齢によって肉が痩せるかというと、話をしなくなるからです。顎を動かすことが減って、痩せてしまうわけです。なので、意識して話す、あるいは顎を動かすようにすれば、顎が細く小さくならずに済みます。

入れ歯は修理、調整もできるようですので、入れ歯で違和感を感じたら、かかりつけの歯科医に相談するのがいいでしょう。

前で、信頼できるホームドクター、かかりつけ医をもつことが大切だとお話ししましたが、歯科はまた別です。

入れ歯の前に、そもそも歯が抜けてしまうのは、たいていは歯周病が原因といわれていますが、いま以上に歯を失わないためには、日頃のケアが必要です。

歯の具合がちょっと悪いだけで、食べられなくなったり、話をしづらくなったりします。ものがよく噛めないと、内臓に負担がかかります。話ができないと、コミュニケーションをとるのが面倒になります。

歯科に定期的に通うことで、歯のメンテナンスを心がけることは大切です。

同じように、眼科や耳鼻科にも、お世話になるようになります。

私は昨年、白内障の手術をしました。白内障は、水晶体が白く濁《にご》って、視力が低下してしまう病気ですが、60代では70〜80パーセント、70代では80〜90パーセントの人が発症するといわれています。

やってみると、手術そのものは15分程度で終わり、通院または入院しても1〜2日で、信じられないほど、よく見えるようになります。

耳鼻科には、私は補聴器を調整するために通っています。もともと子どもの頃の中耳炎が原因で右耳が聞きにくいのですが、頼みの綱の左耳までも、聞こえにくいと感じるようになったのは、70代の半ばくらいだったと思います。

それでも、補聴器をつけることになるとは、まったく思いもしなかったのです。

補聴器をつけたりしたら、「老人確定」になったようで、どうしても、それは避けたかったのです。

でも、実際には聞こえないので、ときどきトンチンカンなことをいってしまうこともあったようです。そうなると、認知症になってしまったと思われます。自分でも、そうなのではないかと不安になったこともありましたが、補聴器をつけたことで、私は自分が認知症になってしまったのではなく、聞こえていなかっただけだということがわかりました。

昔の補聴器は、いかにも補聴器をつけてます、というほどの大きさで抵抗がありましたが、いまはとてもコンパクトになっています。面と向かって話をしても、補聴器をつけているとは気づかれないほどです。

もしも、聞こえづらくなったら、耳鼻科で検査してもらうことです。その上で補聴器も、つけるつけないも含めて、検討するのをオススメします。

年をとれば、いろいろメンテナンスが必要になります。自分に必要なメンテナンスを続けていける環境を整えていきましょう。

自分のリズムを崩さない

体を整えるには、自分のリズムを取り戻すことが大切です。

言葉を換えれば、リズムが乱れると、体も乱れます。

若いときには、リズムが多少乱れても、それに対応する力が体にありました。

けれども、70歳ともなれば、いったんリズムがくるってしまうと、もとに戻すのに時間がかかることがあります。

たとえば、寝る時間や食事の時間を変えると、眠れなくなったり、そのために頭がボーッとしたりします。

海外旅行で時差があったり、子どもや孫などが帰省したりして、ふだん慣れないことをしたりすると、なんとなく調子がくるうということがあるでしょう。

だからといって、それをしてはいけないということではありません。

時間に余裕ができた分、自由に、自分のしたいことをするのが一番です。

いつもと違うことにも、積極的に挑戦したいものです。

それでも、食事の時間は、大幅にずれないようにしましょう。

それだけで自分のリズムを守ることができます。


時差ボケにならないコツは、朝日を浴びることだと聞いたことがあります。眠気を感じても、朝日を浴びることで、体は朝を認識して時差を調整するそうです。

私は、毎日同じ時間に食事をとることで、自分のリズムを守っています。

食べることで、エネルギーを蓄えることもできるように思います。

あまり食べたくないというときには（ということは、私の場合はあまりないのですが）、無理にいつもの量を食べなくてもいいことにしています。

少しでもお腹に入れる、口に入れて咀嚼《そしゃく》することで、体が起きてきます。

ところで私は、自分の役目と思って、家のゴミ出しをしています。

深夜、というより明け方、寝る前に、指定の場所に持って行くのです。1分もあればお役目完了となりますが、この時間に外に出るのは、夏でも冬でも、頭がスッキリします。

こうした役目を果たすことも、私のリズムの一つです。

「今日は疲れたから、やめておく」というようなことはしません。

それではリズムがくるってしまいます。

深夜、ことに午前2～4時の空気は、しんと静まりかえっています。

この「しん」とは「神」を表し、仮に山の中であれば、神気の満ちる時間帯になります。私はこの時間の水を飲んで寝るのですが、これが私の体内を浄化するような気がします。

出張や旅行で留守にするときを除けば、ほぼ毎回、私はゴミを出しに行けます。

それを続けられている、ということは、リズムを守ると同時に、若さの自信にもつながっているように思います。

「10歳年下」の体力を維持していこう

「もう70歳」

「まだ70歳」

あなたは、どちらの70歳でしょうか?

90歳の私から見れば、間違いなく、あなたはまだ70歳です。90歳でも私には「まだ」です。

その若さに、自信をもちましょう。

70歳を過ぎると、もう自分は衰えていくばかりだと考える人もいます。

「老後の人生」をどう生きるか、となるわけですが、「老後」としている時点で、自分は終わったような気分になります。でも、人生はまだまだです。

私は老後とは、１００歳からを指すと、勝手に思っています。

私が出版社を起こそうと考えたのは、80歳のときでした。２０１１年――東日本大震災の年です。あの大地震をきっかけに、思うところあって、「きずな出版」を起《た》ち上げることになったのです。

出版社として形になり、本格的にスタートしたのは2年後でした。

70歳のときには、自分の運命に、そんなことが起ころとは思っていませんでした。「もう70歳」と思って、フェードアウトしようとしていたのです。

よく「人生では、今日がいちばん若い」というようなことがいわれます。明日からの自分を思えば、たしかに今日がいちばん若いのです。

できるだけ、いまの体力を維持して、明日からの人生に備えましょう。

いまの体力を維持するには、体を整えていくことです。

自分のリズムを守り、「あなたの医師団」を結成させて、健康な70代を築いていきましょう。

第3章

「心」を整える

何事もプラス思考で、乗り越えよう！

年をとると、うつになりやすい？

「老人性うつ」という言葉があるそうです。

正式な病名ではなく、65歳以上で、なんとなくモヤモヤして元気が出ない、意欲が湧かない、ということが続いて、そのうちに頭痛やめまい、吐き気、耳鳴りなども起こるようになる、ということです。

定年で退職したり、転職したり、あるいは子どもが自立したりといった環境の変化によるところが多いようです。

「老人の生活」には変化がないと思われがちですが、そんなことはありません。

配偶者が亡くなったりすれば、それこそ大きな変化ですし、ペットが死んだりすれば、「配偶者の死よりツライ」という人もいるかもしれません。

それこそ、心にぽっかり穴があいたようになってしまうのでしょう。

「自分は、うつになんてならない」という人もいるかもしれませんが、精神科医にいわせれば、そんなことはないようで、むしろ、そういうふうに思っている人ほど、いったん落ち込むと長引いてしまうこともあるようです。

考えてみれば、70歳という年齢を考えただけで、落ち込んでしまうという人もいるでしょう。

前で、「今日がいちばん若い」という話をしましたが、それは明日からの自分との比較であって、過去の自分と比較すれば、「今日がいちばん老けている」わけです。

今日より昨日、先週、先月、去年の自分と比べたら、「衰えていくばかり」の自分と向き合っていかなければなりません。

「目がかすむ」「腰が痛い」「少し歩いただけで疲れてしまう」……できないこと、うまくいかないことを数えあげたらキリがありません。

老人性うつの原因には、「夫婦間の性的関係がなくなる」という例もあるそうです。いつのまにか「男として」「女として」の自分がなくなっていた、と気づけば、「老人」としての自分がクローズアップされます。「もう自分は終わった」と感じてしまうこともあるでしょう。

けれども、繰り返しになりますが、90歳の私からすれば、70歳は若者です。

そう暗く落ち込む必要はありません。

心に穴があいたのなら、それを埋めていきましょう。

失恋を癒《い》やすには、新しい恋愛を始めるのが一番です。

自分が興味をもてる何かを見つけていきましょう。

うつになる人は、責任感があって、まじめな人が多いといいます。

そういうタイプは、グチをこぼすのが苦手です。

つらいことがあっても、外に出さず、自分の中にため込んでしまうのです。

まずは、一人で抱《かか》えることをやめてみましょう。

心配で夜も寝られないとき

一人で問題を抱えてしまうと、あれこれ考えてしまうものです。

思い悩むことを「悶々《もんもん》とする」といいますが、まさに心が内に入って、表に出られないのです。

扉を開くには、どうすればよいのか。

私は、まずは誰かに話すのがいいと思っています。

「相談する人がいないから、一人で悩んでしまう」という人もいるでしょう。

「人にはいえない」と考える人もいるでしょう。

でも、口に出すことで、とりあえずでも「外に出す」ことができます。

誰にもいえないなら、独り言でも、効果があります。

私は、自分の右肩に、小型の自分を乗せていて、「サクライくん」と名づけて、いろいろ相談します。

「サクライくん、これは、どうしたものかね?」

「サクライくん、これは、まあ、よしとしますか?」

という具合です。不思議なことにこの分身は、ちゃんと答えてくれるのです。

こんなことでも、気持ちは案外、ラクになるものです。

一人で悶々と考え込むと、夜も寝られない、ということもあるでしょう。

私は、「夜の悩み相談は厳禁」としています。

昼なら前向きになれることでも、夜には深刻になりやすいのです。悪いことばかりが思い浮かんで、解決できることもできなくなります。

夜、とくに寝る前には、すぐに解決できないことは、考えないようにしましょう。

『風と共に去りぬ』のスカーレット・オハラは、人生に行き詰まった最後に、「明日、考えよう」といいます。「明日は明日の風が吹く」――いま思い悩んでもしかたがない、というわけです。

あなたも、70歳にもなれば、案外それは真実だと思いませんか？

昨日までは八方塞《ふさ》がりだったのが、今日になったら、思いがけない救世主が現れることもあります。思わぬかたちで、事態が変わることもあります。

今夜、悩むのは、やめておきましょう。

どうしても悩んでしまう、考えてしまうというときには、私は、少し難しい本を読むようにしています。あるいは何度も読み返してきたような愛読書でもいいかもしれません。テレビで映画やドラマ、スポーツを観るのもいいでしょう。

要は、とりあえず自分の気をそらすのです。それで問題が解決したり、悩みが解消したりするわけではないので、一時しのぎではありますが、そんなことが、うつの歯止めになることもあるようです。

できないことが増えるのは「あたりまえ」と考えよう

「誰にも迷惑をかけたくない」

とくに子どもや孫の負担にならないことが、70歳を過ぎた人間の共通の望み、といってもいいほどではないでしょうか。

だから病気になったり、ケガをしたり、認知症になったりしないよう、「ピンピンコロリ」であの世に逝《い》けますように、と祈るわけです。

でも現実には、年を重ねるごとに、いろいろ不具合が出てきます。

若いときには、何でもなくできたことが、「うまくいかない」と思うことが増えていきます。

私は、毎日原稿を書いていますが、70歳を境に、書けるスピードが落ちました。

以前であれば、一晩で４００字詰め原稿用紙40枚を書いたこともありましたが、いまではせいぜい20枚くらいになっています。

人と話をしていても、頭ではわかっていても、名前が出てこなくて、「アレ」「カレ」「カノジョ」ということが多くなりました。

歩くのは、この年齢にしては速いほうだと思っていますが、急な坂道や階段を前にすると、億劫に思うようになりました。

私が自分の年齢をいちばん感じるのは、食事のときです。

前でもお話ししたように、私はよく食べるほうだと思いますが、週刊誌の編集者時代の習《なら》い性か早食いで、咀嚼もそこそこに、飲み込むくせがあります。そうすると、喉がつまります。

毎年、正月になると、お餅をつまらせるお年寄りがいますが、その原因は、老化で食道が細くなるためです。

私の食道もいつのまにか細くなってしまって、70歳頃から焦《あせ》って食べると、食べたものがうまく通らず、それ以上は、何も食べられなくなってしまいます。

そうなると、会食などの場では周囲の人たちに心配をかけたり、気を遣《つか》わせることになって、私としては、いたたまれない思いで、その場をすごさなければなりません。なんとも情けないのですが、でも、あえて自分では、それを気にしないようにしています。

気にしてしまうと、会食には出かけないほうがいい、となり、それは損だと思うからです。

コンプレックスがあると、新しい場所に行ったり、新しい人と会ったりするのに躊躇《ちゅうちょ》してしまいがちです。

年をとって一番避けたいのが、孤立化することです。

どんなに若々しい人でも、老化がまったくないという人はいません。なにかしらの不具合があることは、当然のことなのです。そこは開き直るくらいの気持ちで、気にしすぎないようにしましょう。

いいたいことは我慢しなくてもいい

年をとって丸くなった、という人は多いのではないでしょうか。

「怒りたくても怒らない」

「いいたいことがあっても、飲み込んでしまう」

そのほうが若い世代の人たちと、うまくやっていけるように思うようです。

でも、本当にそうでしょうか。

たしかに私も、心の中で思っていることを、そのまま口に出すことは、あまりしません。相手に対して、「そんなことではダメだ」と思うことでも、致命的なことでないなら、放っておく主義です。

たとえば若い人が何かしたいといってきたときに、これまでの経験値で、失敗することが目に見えていることがあります。

それでも、よほどのことがない限り、「やめたほうがいい」ということはいいません。何事も絶対ということはないので、99パーセントは失敗すると思っても、1パーセントの確率でうまくいくこともあるからです。

それに、失敗する経験も必要です。やってみなければ、気が済まないこともある、ということも、経験としてわかっています。

「それでは冷たいんじゃないですか?」という人がいるかもしれませんが、本当のやさしさとは、可能性の芽を摘《つ》まず、結果として失敗に終わったときにこそ、手を差し伸べることではないでしょうか。

とはいうものの、だからといって、「何もいうな」ということではありません。

いいたいことは我慢しなくていいのです。

70歳を過ぎると、自分を老人だと思う人が多いようです。ふだんは若々しい自分に自信があっても、若い人たちにとっては、まぎれもなく老人であると自覚しているのです。

そして、老人は余計なことはしたり、いったりしないほうがいいと考えます。子どもや孫が、生意気なことをいっても、怒ったりせず、我慢してしまうことが多くなるようです。でも、そうした怒りや苛立《いらだ》ちが溜《た》まって、それが、うつのきっかけになることもあります。

見守るのと、見ないふりは違います。目に余るときには、しっかり叱りましょう。そのほうが、孫や子どものためにはなると思いませんか？

若い頃に叱られたことは、案外いい思い出として残っているのではないでしょうか。

70歳を過ぎたら、遠慮は禁物です。叱ったことで、もしも相手がヘソを曲げたところで、痛くも痒《かゆ》くもない。それこそ、放っておけばいいのです。

そんな強さは、「老人」の特権です（笑）。

孤独や寂しさを感じない人はいない

コロナ禍では「ステイホーム」で家にこもることになりましたが、一人暮らしの友人は、ほとんど誰とも話をしないので、「声の出し方を忘れてしまうほどだった」と笑っていました。

仕事をしていればリモートワークで、たとえ出勤しなくても、誰かしらと連絡はとるものです。

70歳を過ぎると、仕事をしていてもフルタイムで働いている人は限られます。コロナ禍となれば、あるはずの仕事がなくなってしまった、という人も少なくないでしょう。

それだけでも、心細くなるものです。

自分だけが独りぼっちのような、そんな孤独感を抱く人もいるでしょう。

若い人なら友達に連絡をとるところでしょうが、仕事や家のことで忙しくしていた人は、いつでも連絡できるような友達がいなくなっていた、ということもありがちです。

気分転換に外に出たいと思っても、コロナ禍ではそれも叶わず、となれば、孤独感は増すばかりです。

そんなときには、誰でもいいから、声をかけてみましょう。

長く音信不通になっていた知り合いや友人に、電話をしてみるのです。

人生は人それぞれです。仕事が最優先の人もいれば、家事や子育て、介護などで、友人とのつき合いどころではないという人もいます。

でも70歳になれば、たいていの場合、それまでの人生は、とりあえずは一段落しているはずです。

ましてやコロナ禍は、日本中、世界中を席巻《せっけん》しました。

たとえ家族と一緒でも、誰もが誰かとつながることに飢えている、といっても過言ではありません。

そこに友人から連絡があれば、喜んでくれるはずです。

じつは私も、コロナ禍となってから、昔のつき合いが復活した人が少なくありませんでした。これは戦後、敗戦のあとの時代に似ています。

当時の日本では、誰もが離ればなれになった家族や親戚、友人、知人の消息を探していました。

そして、再会できたときには、お互いに「無事に生きていたこと」を感謝したものです。

コロナ禍で私たちは孤独を感じたかもしれませんが、そのおかげで、つながりや絆を再確認できるということもあります。

一人なのは、あなただけではありません。いや、あなたは一人ではありません。どんな人も、その例外はないということを忘れないでください。

「よかった探し」をしてみませんか

『少女パレアナ』という小説を読んだことがありますか？

いまから100年以上前にアメリカでブームになるほどの人気を博しました。日本でも出版されていて、『赤毛のアン』を日本に紹介した村岡花子さんも、1930年代に翻訳しています。

女性であれば、子どもの頃に読んだという人もいるのではないでしょうか。あるいは、テレビでアニメ化もされているので、子どもや孫と一緒に見たという人もいるかもしれません。

物語は、父親を亡くした少女パレアナが気難しい叔母のもとに引き取られるところから始まります。

このパレアナは、どんなことがあっても、ものごとのよい面を見つけるのです。気難しい叔母さんは、幼い姪が来るというその日も、自分では迎えず、女性の使用人に駅まで行かせます。パレアナは、その使用人を叔母さんだと思って喜んで抱きつくのですが、すぐにその女性が叔母さんではないことがわかります。するど、「それなら、叔母さんのお家で叔母さんに会える楽しみができた」と喜ぶのです。

それは彼女にとって、父親から教えられた「よかった探し」のゲームでした。たとえ悪いことが起きても、いいところを見つけて、「あー、よかった」と思う。「よかった探し」は、いかに、その「よかったこと」を見つけるかの遊びなのです。

考えてみると、たしかに、どんなにつらいことでも、いいことはあるものです。たとえば、私の知り合いは病気になって、1ヵ月入院することになりましたが、お見舞いに行ったときに、「おかげで、自分の人生を振り返る時間ができました」といっていました。

「自分がいかに、これまで多くの人たちに助けてもらっていたかが、あらためてわかりましたし、読みたかった本を読む時間もできました。規則正しい入院生活のおかげで、よく眠れるし、ストレスで暴飲暴食をすることもありません」

まさに、百点満点の「よかった探し」だと思いませんか？

暗い面だけを見れば、心配や不安が増すばかりです。自分を惨めに感じたり、そんな自分の境遇を恨《うら》んで、政府や周囲の人たちに対して、怒りや苛立《いらだ》ちが湧いてきたりするでしょう。

でも、どんなに恨んでも、状況は変わりません。むしろ気持ちは落ち込む一方です。

それならば、「よかった探し」をして、気持ちだけでも上に向けていきましょう。不思議なもので、気持ちが上向きになると、状況も上向きに変わってくることがあるようです。

行き詰まったら、いったん考えるのをやめてみる

うつ病の治療法に「認知行動療法」というのがあります。

この場合の「認知」とは、「現実の受けとり方」や「ものの見方」のことで、それを変えることで、心のストレスを軽くしていく治療法だそうです。

その療法の第一人者である精神科医の大野裕先生が、ご著書の中で、あるプロ野球球団の2軍の監督やコーチの前で、認知行動療法を使った心の整え方について、お話しされたことを紹介されていました。

それによれば、

「時間があると、つい余計なことを考えてしまいます。それもよくない可能性を

考えるのが、私たちの脳の基本的なパターンです。

悪いことが起きたときにうまく対処できるように、という思いでそうなるのですが、そうすると不安な気持ちが強くなって、目の前の試合に集中できなくなってきます。その結果、考えが自然な身体の動きの邪魔をして、本来持っている力を発揮できなくさせてしまうのです」

（大野裕著『うつな気持ちが軽くなる本』きずな出版刊）

困ったことが起きると、何とかこの状況を変えなければならないと思って、あれこれ考えてしまいます。

私は将棋が好きで、アマチュア四段の免状をもっていますが、将棋は考える競技です。相手の数手先を考えて、指します。プロは数十手先まで読んで、駒を動かせるほどです。

その意味では、考えることは無駄にはならないと思っていますが、それは、あくまでも戦略を考えるときに限ります。

不安なときに考えるというのは、じつは「考えている」のではなく、「妄想《もうそう》している」ことが多くなるのではないでしょうか。

現実ではない世界をつくりだして、その中から抜け出すことができなくなってしまうのです。

「認知行動療法」の「現実の受けとり方」「ものの見方」を変えるというのは、まさに、この妄想の世界から抜け出すことをいっているのではないでしょうか。

問題が起きたときに、解決策が見つからないと、気持ちが焦ったり、落ち込んだりします。大野先生もいわれているように、何を考えても「よくないことばかり」と思ってしまうかもしれません。

そんなときには、いったん考えるのをやめることです。

自分が考えていることが、本当に起きているか、あるいは少し妄想に走っていないか。いったん立ち止まってみることです。

「明けない夜はない」は本当だ

2020年の春、新型コロナウイルスで、最初の緊急事態宣言が発令されて、そのあとは収束に向かうのかと思われましたが、第2波、第3波がやってきて、1年たった今でも、先行き不安だらけです。

「いつまで、こんな状態が続くのか」

年齢、性別、国籍を問わず、不安を感じていない人はいないといっても、過言ではないでしょう。

それでも、たとえ収束するまでに何年もかかろうと、いつか必ず、収束することは、これまでの私たちの歴史を見ても明らかです。

70代のあなたが生まれる前、あるいは生まれていても記憶にはないかもしれませんが、第二次世界大戦の終末期に、日本中のあちこちが爆撃に遭い、ついには広島と長崎に原爆が落とされました。

私は当時は千葉に疎開して、終戦後、東京に戻りましたが、空襲で焼け野原になった光景は、いまでも忘れることはできません。

二度ともとの生活には戻れないんじゃないかと思ったし、実際の生活は、いまの日本では信じられないほど、貧しく、悲惨なものでした。

それでも、戦争が終わったということで、希望は失ってはいなかった。とくに、私のような子どもや、女性たちは、そうだったように思います。

昔から、大人の男は、変化に弱いのです。

いまコロナ禍で、政府が右往左往するのも、リーダーシップをとっている人たちに男性が多いからではないかと、私は密《ひそ》かに思っています。

それでも、同じ男性としてかばうなら、この新型コロナウイルスの感染拡大は、日本だけでなく、世界史上でも私たちが初めて体験しているような状況であり、混乱するのもやむを得ないことではないかとも思います。暗中模索でしていることで、思惑通りにいくことなどありません。

だから、失敗もやむなし、と私は考えます。もちろん、それによって失われた命の犠牲を、「やむなし」ということはできませんが、それこそ、戦争のときと同じだと思うのです。戦争は一部の人間が起こしたことですが、ウイルスは、誰のせいともいえないでしょう。

だから、どうして、こんなことになってしまったかを考えても、結論も出なければ、簡単に解決策も見つけることも難しいでしょう。

ここで大切なことは、いま希望を失わないことです。

これはコロナ禍だけの話ではありません。

人生には、コロナに限らず「禍《わざわい》」は付き物です。

「禍」とは『広辞苑』によれば、「『わざ』は鬼神のなす業（わざ）、『はひ』はその状（さま）をあらわす」とあります。

「傷害・疾病・天変地異・難儀などをこうむること。悪いできごと。不幸なできごと。まがごと。災難」と説明されています。

禍の大きさは、人によって、あるいはその受けとり方によって違うでしょう。できれば、禍などない、あっても、できるだけ小さいほうがいいに決まっていますが、たとえ天地がひっくり返るような禍でも、人間は乗り越えてくることができたのです。それは、恐竜が滅んで、人間がいま生きていることを見ても明らかです。

「禍も三年置けば用に立つ」という、ことわざもあります。禍も3年もたてば、幸せの糸口になる、という意味です。

まさに、その通り。よく「明けない夜はない」といいますが、それは本当のことです。それが90年生きてきた私の感想であり、いま、あなたに伝えたいことです。

第4章

「人間関係」を整える

少しずつ、つき合い方を変えていこう！

これまでのおつき合いは卒業しよう

70歳になったら、それまでのつき合いはなかったものと考えましょう。

かつて「銀座」では、「卒業」のシステムがありました。

この銀座は、銀座の高級クラブという意味です。

「座っただけで○万円」と思われていますが、一般的な常識とは違う世界ということでは、当たらずとも遠からずというところでしょう。

なぜ、そんなに高いかといえば、なにも男たちは、そこに酒を飲みに行くのではありません。美しいホステスさん目当て、ということもないとはいえませんが、それだけが目的ということでもありません。その証拠に、クラブのナンバーワンホステスは、必ずしも美人とは限らないのです。

銀座のクラブの一番の魅力は、そこに来る人たちと、交友関係ができることではないかと私は思います。

ただそこに行けば知り合いになれる、ということではありません。

銀座には、いろいろなルールがありますが、回数が増えるにつれて、他の席の客と知り合いになるのが普通です。しかし、それだけではありません。ママが「この客は信頼できる」と思ったならば、トップクラスの財界人や政治家、あるいはマスコミ人、芸能人に紹介してくれるのです。

それが、銀座での人脈になっていくわけです。私の人脈の多くは、ここで培《つちか》われたといってもいいくらいです。

そうして銀座を使うのは、「社用族」と呼ばれる人たちで、社費で支払うのが普通です。会社を卒業したら、つまり定年でやめたり、事業が失敗したりしたら、もう銀座には来られないのです。

ママのほうでも、それを心得ていて、卒業する人に「また来てね」とはいいません。それは男たちにとっては、ある種、有り難《がた》い心遣いです。

私も会社をやめて独立したときに、「櫻井さんは卒業ね」と言い渡されました。

それは、「もう社費は使えないでしょう？　それより新しい仕事をやるのでしょうから、銀座に来るよりも、もっとやることがあるでしょう」というエールなのです。

さて前置きが長くなってしまいましたが、私は、「70歳」という年齢を迎えたら、この銀座の「卒業システム」を取り入れるのは、なかなかいいことだと思っています。

繰り返しお話ししてきたように、いまの時代、「70歳」というのは大きな節目です。

「定年」というと60歳や65歳だと思うでしょうが、現実には、寿命も長くなり、また見た目にも、その年齢では現役を退くのは早すぎます。

もちろん70歳だって、これからですが、だからこそ、ここでいったんゼロにするのです。

70歳になったら、これまでの仕事関係などのつき合いは卒業することにしましょう。そして、新しい関係を、いまから築いていくのです。

そんなことはできない、と思いますか？

なにも「もうつき合いません」と宣言する必要はありません。

自分から連絡しなければ、それで済みます。

もしくは、相手から連絡があっても、断ればいいだけです。

でも、実際には、そこまでしなくてもいいでしょう。引き続き、つき合いたいと思う人とは、もちろんつき合っていいのです。

でも、つき合いは、しがらみにもなります。

70歳になったら、古いしがらみからは解放されていきましょう。

それが、「いったん卒業」ということです。

合わない人と無理につき合う必要はない

人の悩みの90パーセントは人間関係である、といっても過言ではないほど、人とのおつき合いというのは難しいものです。私は、ある程度の年齢になれば、そうした悩みからは解放されるものだと思っていましたが、じつは90歳になっても、そうではないことを感じざるを得ません。

人間関係というのは、相手があるもので、自分では思いもしない反応が返ってくることがあるからです。

自分では何気《なにげ》なくいったことが、相手にとっては「許し難いこと」だったりすることがあります。

逆に、相手がしたことで、こちらのほうが傷ついたり、腹が立ったりすることもあるわけです。

「そんなつもりはなかった」といっても、うまくいきません。

相性がいい相手の場合には気にならないことも、相性が悪い相手の場合には、同じことでも「許せない」となるわけです。

人間関係は、一つうまくいかないことがあると、ことごとくうまくいかなくなりがちです。それこそ相性が悪い、ということですが、私は、相性の合わない相手とは、無理につき合う必要はないと思っています。

たとえば、その相手が職場の上司であった場合は、つき合わないというわけにはいきません。気に入らないことも、忍の一字で耐えて、上司を立てていくわけです。

「あんな上司の下にいたくない」と思いながら、家族のために転職もしないで我慢してきた、ということもあったのではないでしょうか。

70歳になった今も、あまり変わっていないかもしれません。人によっては、かっての部下や後輩から仕事をもらっている人もいるでしょう。

その中には、もちろん気の合わない相手もいるはずです。

でも、70歳を過ぎたら、昔ほどの我慢をする必要はないでしょう。働かなくてはならないといっても、日本で、普通のサラリーマンをしていたら、とりあえずの年金がもらえます。

十分な金額とはいえないまでも、イヤな相手の下で働かなくても、何とか食べていくことはできるのではないでしょうか。

そうであれば、もう無理をするのはやめましょう。

せっかく70歳まで生きてきたのです。これからの年月は、我慢しないで生きたいものです。

寿命が延びたといっても、折り返し地点はとっくに過ぎています。

無理をしている余裕は、もうありません。一緒にいて、少なくともイヤな思いをしない相手を選ぶことにしましょう。

新しい情報をくれる人は大切にする

これから築いていく人間関係で、大切にしたいのが「新しい情報」をくれる人です。

スマホからメール、LINE《ライン》、Zoom《ズーム》などのSNSの操作から、最近話題の楽曲、漫画や本、映画などなど、昔の感覚でいては入ってこない情報がたくさんあります。

「そんな情報は私はいりません」という人もいるかもしれませんが、それは私は、もったいないことだと思います。

新しい情報を得るというと、時代に乗り遅れないためにそれが必要だ、と考えるかもしれませんが、そうではありません。

時代には、乗り遅れてもいいのです。

なにも若い人たちに、無理に合わせる必要はないわけです。

もっといえば、若い人たちとつき合うためであれば、じつは新しい情報はもっていなくてもいいのです。

なぜかといえば、最新の情報は、彼らはすでにもっています。若い人たちからすれば、昔のことこそ新しい情報です。

だから彼らと、お互いの情報を交換すれば、どちらにとっても有益となる「Win-Win」の関係が成り立つわけです。

「新しい情報」をくれるのは、若い人だけではありません。

あなたがこれまで知らなかったことは、すべて新しい情報です。

それは、たとえば「料理」や「キャンプ」「家電」、あるいは「古事記の世界」や「卓球」「ラグビー」などなど、いままではそれほど縁がなかったことで、あなたが面白いと思うことです。

70歳になったら、そんな新しい情報を得ることで、元気が出てきます。やる気が湧いて、若々しさを取り戻します。

情報は、ただ「知る」だけでいいのです。

情報には活用するためのものと、ただ知るだけでいいもの、面白がるだけでいいものなど、いろいろあります。

「そんな世界もあったのか」ということが肝心です。心をときめかせたり、ただゲラゲラ笑うだけでもいいのです。

新しい情報を得ることで、人生はもっと面白くなります。

まして今は、とても便利な時代です。

私はYouTubeやZoom、あるいはClubhouse《クラブハウス》というものを知ったことで、世界が大きく広がりました。私が子どもの頃には、それこそ想像もできなかったようなことが、現実に、自分が体験できるわけです。

時代には乗り遅れてもいいといいましたが、それでは、せっかく、この時代を生きている甲斐《かい》がない、と私は思うのです。

この人生を楽しくしてくれる人。そんな人たちと、できるだけ多くつながっていきたいと思っています。

そのための一つの方法として、異なる世代、異なる趣味の人とつき合っていきたいものです。

全盛時代の自分を引きずらない

昔は、定年退職しても、現役時代の役職に「元」をつけた名刺を持ち歩いている人がいました。いまはさすがに、そんなことをする人は減っているでしょう。

それだけ「昔の役職」にしがみつく人がいなくなったということでしょうが、たとえ、それをもっていても効力がない、ということもあるかもしれません。

「元」がついているだけで、「もう終わった人」と思われてしまうからです。

そんな過去の自分より、いまの自分で生きるのがいい、と思いますが、人間は「よかった時代」を捨てきれないものです。

たとえば、「昔はモテた」ということを自慢する人がいます。

それだけ自分が魅力的だったことを誇示《こじ》したいわけですが、いまは見る影もないとなれば、相手を困らせるばかりです。

私は、「女性自身」の編集長時代、最高で147万部の発行部数を打ち出しました。1週間で147万人の人が、その週刊誌を読んでくださったことになります。雑誌は回し読みをされますから、実際には、それよりも多い数の人たちに読まれたことでしょう。

じつは週刊誌で発行部数が100万部を超えたものは、当時から今までで、私の知るところでは、3誌しかありません。「週刊朝日」と「週刊プレイボーイ」、そして「女性自身」です。なかでも147万部というのは、ダントツの数字でした。このことは、編集長時代の実績として、私は誇りに思っています。

こうした誇りをもてたことは幸運なことでしたが、昔は、それを人様にいうことはしていませんでした。いまは、私のプロフィールとして紹介されるほどで、もしかしたら自慢していると思われているかもしれません。

たしかに自慢できることだと自分では思っていますが、あくまでも、それは過去のことです。過去形の言葉は、使わないにかぎります。

昔は自分では話さなかったのも、その思いが強いからです。

はっきりいえば、自分では、「それがどうした」という気持ちなのです。

当時のことは当時のことで、大切なのは今です。それがわからないと、当時の力が今もあるように錯覚《さっかく》してしまいます。

年をとれば、力は落ちます。40代のときの自分にできたことが、70代ではできなくなっていることが多い、というのは、その年になれば、誰もが実感することでしょう。だから、つい過去の自分にしがみつきたくなりますが、それで力を誇示したところで、人からは敬遠されるのがオチです。

全盛時代の自分なんて、忘れてしまいましょう。

70歳になった自分で、勝負するのです。いや、勝負するしかないのです。

そうすると、40歳のときにはできなかったことが、できる自分にも気づけるはずです。

これからは家族関係が人間関係の中心になる

コロナ禍を経て、ニューノーマル（新しい生活様式）の時代となりましたが、人間関係も変わっていくと私は思っています。

緊急事態宣言下では「ステイホーム」で、それまでより、家族とすごす時間が多くなりました。

高度成長期やバブルの時代には、仕事優先が「あたりまえ」で、家族で食卓を囲むということは、なかなかできませんでした。そのために「家族サービス」という言葉が生まれるほど、ふだんは「家族」が二の次、三の次になっていたわけです。

でも、これから先、コロナが収束しても家族優先の生活は変わらないでしょう。

これが「女性の時代がやってくる」ということなのです。これまでの男たちは、社会で生活していました。

ところがコロナ禍を経て、家庭、家族の時代になるのです。仕事仲間と一緒にいる時間よりも、家族と一緒にいる時間が多くなります。

こうして書いてみると、なにか変な感じがするほど、それこそが人間本来のあるべき姿ではないでしょうか。

ところで、家族であれば、人間関係の面倒もなくなると思うかもしれませんが、家族だからこそ、気をつけないといけないことがあります。

たとえば、職場であれば、それにふさわしい服装や態度があるはずです。いまはネクタイをする人も減って、昔に比べればラフなスタイルになりましたが、だからといってジャージでよいというわけではないでしょう。

それなりの格好で出勤して、誰か人に会えば、挨拶もするでしょう。

では、家ではどうでしょうか。案外、挨拶はしたつもりでも、ちゃんとしていないことがあります。とくに夫婦二人の生活になった場合には、口に出さなくてもわかるということもあって、言葉は省略されがちです。

家族だからこそ、「おはよう」「おやすみ」といった挨拶や、「ありがとう」「おいしい」「助かった」などの感謝の言葉が大切です。

親しき仲にも礼儀あり。それが、家族との人間関係を円滑《えんかつ》にします。

外でうまくいかないことがあったときには、それを家に持ち込むことは厳禁です。家に入るときには、ウイルスと不機嫌は、持ち込まないようにしましょう。

子どもや親には、それができるのに、なぜか妻や夫には感情をぶつけてしまう、という人は少なくありません。それだけ、甘えられる関係ができている、ともいえますが、相手は、あなたの態度をよく思っていないかもしれません。

これまでなら我慢できたことも、一緒にいる時間が多くなると、知らず識らずのうちに「限界」を越えることもあります。

家族だからこそ、失礼のないように注意しましょう。

「会えない人」をつくらない

ケンカ別れしたままになっている人はいませんか？

あるいは、お金を借りたまま返していないなど、会いたくても、いまさら顔向けできない、という人はいませんか？

もしも、そういう人がいたら、できるだけ早く、連絡をとるようにしましょう。

いまの時代、70歳はまだまだ若いというのは本当ですが、それでも何があるかわかりません。

心残りは、できるだけ早く清算しておくほうがいいのです。

自分は元気でも、相手が先に逝ってしまうこともあります。後悔先に立たずとならないように、行動を起こしましょう。

こんなことをいうのは、70歳になったら、自分の世界を自由にしておくためです。

会えない人、会いに行けない人がいると、それだけ世界は狭く、不自由になります。その人がいる世界には行けなくなるからです。

たとえば参加したいと思う勉強会や会合があっても、その人が来るかもしれないと思うと「行けない」「行きたくない」となりがちです。

そこで、どんな出会いや発見があるかわかりません。楽しい時間がすごせるかもしれないのに、その人のために、それを放棄してしまうのは、つまらないじゃないですか？

「けれども、そもそも悪いのは相手のほうなのです！」

というのであれば、それこそ遠慮することはありません。そんな人のことは気にしないことにしましょう。

そして、もしも再会することになって相手から声をかけてきたら、何もなかったように、普通に挨拶をすればいいのです。

どんな人の人生にも、浮き沈みはあります。

沈んだときには、人に会いたくても、会いにくいものがあります。

長い人生のあいだには、あなたにも、そんな期間があったかもしれません。

それ以来、会っていないという人がいて、もしも、あなたが会いたいと思うなら、私は行動を起こすべきだと思います。

どう行動を起こすか、といえば、普通に連絡することです。

若いときなら、そんなマネはできないということもありますが、いまは、そんなことはないはずです。

「亀の甲より年の功」とは、年長者の知識や知恵はためになるので、有り難いと思って話を聞きなさい、という意味ですが、つまりは、70歳にもなれば、それだけの知恵も経験もあるはずです。

若いときなら許せないことも、いまなら許すふりだけでもしてみることです。

逆に、謝れなかったことでも、謝れる、ということもあります。

相手も大人になっていれば、案外簡単に、わだかまりが消えてしまうこともあります。

もしも自分のほうが悪かったと思う相手なら、素直に謝ってしまいましょう。相手のほうでは許してくれなかったとしても、自分としては、一つの区切りをつけられるでしょう。

人間関係でいちばん損なのが、何もしないで、ただ相手を避けてしまうことです。

メール、LINE、テレビ電話で、つき合いを広げる

旧友とのつき合いは、年賀状のやりとりだけ、という人は少なくないでしょう。会いたいと思っていても、その時間をつくれないいまま、いまに至っているということが多いのではないでしょうか。

そのために疎遠になって、年賀状のやりとりさえなくなってしまったという人もいるかもしれません。

いつのまにか長い時間が過ぎて、引っ越したり、転職したり、あるいは介護や自分自身の病気治療などで、住む場所が離れてしまったり、生活スタイルが変わってしまったり、ということがあるでしょう。会えなくなるのも、致し方ないことでしょう。

けれども、旧友というのは、やはり懐かしいものです。

私の場合は、つい先日も週刊誌時代の部下から電話があり、驚くやら嬉しいやら。なにしろ50年も前の部下の声が、スマホから流れてきたのです。

当時のことを知るもの同士だからこそ、一瞬で若い時代に戻ったのです。

Facebook《フェイスブック》などのＳＮＳでは、そこに登録していれば、それを介してオンライン通話、オンラインビデオ通話が可能です。つまり、電話番号がわからなくても、スマホで電話できるのです。私の部下も、それを使って電話をくれたので、50年ぶりにつながれたわけです。

それだけでなく、最近は、それこそ30年ぶり、40年ぶりに会う人が多いのですが、会えば時間を忘れて話し込んでしまいます。

ずっと音信不通でも、私が出版社を起こしたり、本を出したりしているのを知って、「まだ生きていたのか」と連絡をくれるのです。

昔なら電話か手紙くらいしか、つながる方法はありませんでしたが、いまはスマホを使えば、顔を見ながら電話することもできます。

メールやLINE、FacebookなどのＳＮＳを、積極的に活用していきましょう。

孫たちとはLINEでつながっていても、同世代の友人となると、LINEを使うのは無理なんじゃないかと思う人もいるようです。

たしかに、そういうこともあるかもしれませんが、まずは旧友とのつき合いを復活させるために、自分から連絡してみませんか？

それもまた、世界を広げる一つの方法です。

スマホやＳＮＳの使い方がわからないという人でも、必要があれば、覚えることもできるでしょう。

いまは機種もどんどん新しくなっていますが、新しくなればなるほど、操作が簡単になっているような気がします。少なくとも90歳の私でも使えています。

旧友とのつき合いが復活して、スマホも使いこなせるようになったら、それこそ一石二鳥です。

直接会う機会が減っても、関係はなくならない

旧友との関係を復活させたいと思っても、コロナ禍が続くあいだは不安で、直接会う機会をつくりにくいでしょう。コロナでなくても、病気をしていたり、家族の介護をしていたりすると、やはり外に出る時間はつくりにくくなります。

ある女性は、夫の両親、自分の両親を看取り、ようやく自分の時間ができると思った矢先、夫の介護をしなければならなくなってしまいました。

「友達に会いたいと思っても、そんな時間はありません。なんだか自分が独りぼっちのような気がして、落ち込んでしまいます」と肩を落としていました。

家族の介護はつらいものです。アルツハイマー病などで当人に意識がないという場合には、元気な頃を知っている家族にとっては、いまの状態が耐えられない

ということもあるようです。

病人の世話をするだけでも大変なのに、それに加えて、自分の孤独感ともつき合っていかなければならないわけです。

介護がなくても、人に会いたくても会えない、という人は少なくないでしょう。前で、これからの人間関係は、家族が中心になるとお話ししましたが、70歳になれば、その家族もいなくなって、独りぼっちで暮らしているという人も、少なくないはずです。

気がつけば、1週間、誰とも話をしていない、ということもあるでしょう。これも前でお話ししたことですが、あなたは一人ではありません。

人は一人では生きられないのです。

誰ともつながっていないと自分では思っていても、じつは、そうではないのです。直接会うことはなくても、それがイコール、関係が切れていることにはなりません。

ただし、つながる、つなげる積極性や努力は必要です。

自分から連絡してみる。1回連絡がとれなくても、2度、3度と努力してみる。

自分から声をかけてみる。再度誘ってみる。

自分から参加してみる。

そうして動くことで、直接会うことはなくても、つながりを感じることはできます。

人間関係の基点は、いくつになっても「自分自身」です。

年をとっても、そこから、いかようにも広げていくことができるのです。

第5章

「働き方」を整える

いまだからできることを、やっていこう！

仕事がない自分には、価値がないか？

人生を年代で分けると、次のような流れになります。

（1）幼年期（0〜4歳）
（2）少年期（5〜14歳）
（3）青年期（15〜24歳）
（4）壮年期（25〜44歳）
（5）中年期（45〜64歳）
（6）高年期（65歳〜）

右の区分は、厚労省の「健康日本21」などの資料によるもので、高年期というのは老年期、熟年期と言い換えられますが、私の実感でいえば、65歳ではなく、「70歳〜」とするほうが、いまの時代には合っているように思います。

65歳を「定年」としている会社は多いと思いますが、現実には、この年齢だとまだまだ若く、気持ち的にも、また経済的にも、仕事はやめられないという人がほとんどでしょう。実際、定年＝70歳になる日も近いという向きもあります。

自分でも、70歳の声を聞けば、「そろそろ、もういいか」という気分になってくるのではないでしょうか。年金を受けとるようになって、フルタイムで稼がなければならない、ということもなくなるはずです。

「70歳」はいわば、高年期1年生です。

80歳を迎える頃には、高年期の生活にも慣れるものですが、70歳になったばかりの頃は、まだ60代の気持ちが抜けません。

ビジネスの現場から離れることに、抵抗を感じる人もいます。なにか、急に「年寄り」にされてしまうような気持ちになるからです。

仕事をやめたことがきっかけで、老人性うつに陥ることもあります。社会から外《はず》されたように思うのでしょう。私も独立したときには、同じような気持ちを感じました。会社員というのは、ただ会社に行くだけで、社会の一員であるという自覚がもてるものです。ふだんは、あたりまえすぎて、それを意識するということはないかもしれませんが、会社に行かなくてよいとなったところで、初めて、社会と自分のつながりを考えるのです。

社会とのつながりがない、と思ってしまうと、急に不安が押し寄せます。

第2章で、マズローの「人間の欲求の5つの階層」を紹介しましたが、その3番目の「社会的欲求」が満たされなくなるからです。

「仕事のない自分には価値がない」――そんなふうに思ってしまうようですが、あなたは、仕事がないのではなく、仕事をやりとげて、いまに至っているわけです。それを間違えないようにしましょう。

ニューノーマルで、定年後の生活も変わる

コロナ禍で、「ニューノーマル（新しい生活様式）」の時代に入りましたが、定年後の生活というのも、これからは否応なく変わっていくでしょう。

これまでであれば、定年になっても、何とか再就職を果たし、たとえ収入は下がるとしても、生活スタイルはそれほど変わりがない、というのが、大方のスタイルだったのではないでしょうか。

新型コロナウイルスの感染拡大が起こる以前は、そうして生活していた人も多かったでしょう。

ところが、緊急事態宣言が布《し》かれ、とくに高齢者が感染した場合は重症化するということで、外出もできなくなりました。

買い物に行ったり、病院に通ったりするにも、それまで通りとは行かなかったはずです。子どもや孫、友達に会うことも、簡単にはできなくなりました。

もちろん、仕事も制限されたでしょう。すぐに雇い止めになることはなくても、不況にあえぐ企業は、定年を迎えた社員の再雇用の面倒までは見きれない、ということもあります。

定年後、70歳を過ぎたら、いままで以上に再就職することは難しくなっていくはずです。

では、もう自分に道はないのか、と不安になるかもしれませんが、それほど心配する必要はないでしょう。慎ましく生きていこうと思えば、自分一人、あるいは夫婦二人くらいは、何とか食べていけるのではないでしょうか？

それでも働きたいと思うのかどうか、を考えてみましょう。

もう働かない、という選択肢もあります。それを考えるスタート地点が、今だということです。

仕事だけの人生はつまらないか？

自分の仕事や働き方を整えるには、あらためて、これまでの自分を振り返ってみましょう。

私自身のことでいえば、私の70歳までの人生は、「女性」しかなかった、といっても過言ではありません。

学生時代は作家または翻訳家になることを目指していましたが、22歳のときに、その年の芥川賞となった松本清張と五味康祐《やすすけ》の作品を読んで、その道を断念します。まさに私の運命を変えた二人ですが、その作品の新しさ、文章の素晴らしさに衝撃を受けました。

進路を変えた私は出版社に就職して、大衆文芸誌の編集部に配属され、自分から志望して、この二人の作家の担当になります。当時、「櫻井は入社して1年で、定年までの給料分を稼いだ」といわれるほど、松本先生にも五味先生にも、その後にミリオンセラーとなっていく作品を何冊も書いていただきました。

その後は、創刊されたばかりの「女性自身」に移り、3年後、31歳で編集長になりました。いまの時代でも、31歳の編集長というのは、かなり若いほうだと思いますが、当時も最年少での大抜擢《ばってき》でした。

以来、私は、「女性」「女性学」のプロとしての仕事を貫いてきたといっても過言ではありません。

自分の人生を振り返ったときに、「仕事しかなかった」というのは、昭和の時代の男たちにはありがちなことですが、いまの時代になってみると、「面白みのない人生ではなかったか」と思う人もいるようです。

それは男性に限らず、女性でも、同じように気持ちになる人もいるでしょう。あるいは逆に、「仕事をもたなかったこと」に後悔する人もいるかもしれません。

私の話を続けるなら、私に後悔はありません。

それだけ打ち込める仕事に出会えたことに、感謝するだけです。

そして、それができたのは、家庭を守ってくれていた妻のおかげです。

当時は女性が仕事をしたいといっても、お茶くみや電話番くらいしかありませんでした。じつは私は「ＯＬの生みの親」といわれているのですが、それは文字通り、「ＯＬ」という言葉を広めたことによるものです。

かつて、女性の会社員は「ＢＧ（ビジネスガール）」と呼ばれていましたが、私が「女性自身」の編集長となった１９６３年に、「新しい時代の働く女性」を表す言葉を公募しました。そこで読者投票の結果、生まれたのが「ＯＬ（オフィスレディ）」という新語です。

言葉とは不思議なもので、「ＯＬ」という言葉が広まっていくとともに、実際に「ＯＬ」も増えていったのです。

それでも、結婚したら、そのまま専業主婦になるのが「普通」の時代は長く続きました。そして、もちろん専業主婦も、大切な仕事です。

けれども、家事というのは、軽く見られがちです。とくに台所の仕事は、主婦として、ちゃんとやって「あたりまえ」で、ふだんは、それでほめられることもなかったのです。人生を振り返ってみれば、「何もしてこなかった」ように感じてしまう人もいるかもしれません。

でも、そんなことはないのです。「台所からの解放」を唱えて、それをある程度実現した「女性」のプロの私がいうのですから、間違いありません。

どんな人生も、「何もしてこなかった人生」などありません。

私たちは、それぞれの時代に合った働き方があり、そこで与えられた役目を果たしてきた、といっていいのではないでしょうか。それを認めることも、整える一つです。

「働くこと」の本当の意味

70歳ということは、学校を卒業してからの年月を数えると、もう半世紀近くも、なにかしらの仕事をしてきたことになります。

一つの仕事を、ずっと続けて来た人もいれば、さまざまなことを経験した人もいるでしょう。

仕事というと就職したり、自分で事業を起こしたりすることだけと考えがちですが、私は、家事や子育て、介護、ボランティアなどの地域活動その他も、「立派な仕事」であると思っています。

そうして私たちは、いろいろな仕事をして、働いてきたわけです。

「働くこと」は「はたらく」――「傍《はた》を楽にすること」だといわれます。

たしかに、仕事というのは、誰かのためになっているものです。

私は長く、そして今も「出版」の世界に身を置いて、自分自身でも200冊以上の本を書いてきました。

ときどき読者の方から、「この本のおかげで人生が変わりました」というような感想をいただくと、嬉しい気持ちと感謝の気持ちでいっぱいになります。

まさに「はたらく」ことができたことを、実感できるからです。

ところで、もしまだ働く気持ちが残っているなら、「70歳」の節目を迎えたあとは、どんな働き方をするのがいいでしょうか。

私は、この「はたらく」――「傍を楽にすること」を心がけていこうと思っています。

「傍」の本来の意味は、「そばにいる人」です。

若いとき、現役のときには、「そばにいる人」だけでなく、「もっと多くの人」のためにできることを考えるものです。「世界に平和を！」などがそれです。私も、何十万人という読者のために、がんばってきました。

でも、70歳を過ぎたら、もう少し、幅を狭めてもいいのではないでしょうか。

もちろん無理に狭める必要はないのですが、まずは、そばにいる人たちのためにできることをしたいと、私は思います。

若い人たちに、自分が学び、身につけたことを教える、というのも、私ができる「はたらく」の一つだと思っています。

家族のため、自分が住んでいる地域、生まれ育った地域のためにできることをするのもいいでしょう。

これからは、本当の意味での「はたらく」に注力するというのは、いかがでしょうか。

収入を優先させると仕事の幅が狭くなりますし、もしかすると仕事がないかもしれません。そのときには、ボランティアでもいいのではないかと思うのです。

自分一人ではできないことも、仲間と一緒であれば、できることも広がります。

「始めようと思っても、資金がない」とあきらめる人もいるかもしれませんが、もしもそうであれば、クラウドファンディングを利用して、出資者を募ることもできます。

「クラウドファンディング」とは、「群衆（クラウド）」と「資金調達（ファンディング）」を合わせた造語で、インターネットを通じて、不特定多数の人に「財源の提供や協力を呼びかけるもの」だそうです。

コロナ禍では、このクラウドファンディングを利用して、医療従事者や特定の飲食店などへの支援を呼びかけた人たち、団体も少なくありませんでした。

自分のためというより、そうした誰かのため、何かのために、クラウドファンディングを起ち上げることも可能なわけです。

それこそ、自分だけではできないことも、仲間と一緒ならできる。まだまだ、できることはいくらでもある。そう思いませんか？

頼まれたことは積極的に引き受けてみよう

仕事で大切なことは、断らないことです。

あなたも、無理を承知でお願いしたことがあるのではありませんか？

そして、それを引き受けてもらえたときには、助かったと思って、嬉しかったのではないでしょうか。

そのお願いが無理なものであるほど、感謝の気持ちも大きかったと思います。

もちろん借金など、頼まれても、引き受けられないことはあります。

でも、仕事であるなら、多少の無理はしたほうが得です。

それをすることで、自分の力を自分自身で再認識できるからです。

年をとると、正直なところ年々、自分に自信がなくなります。

若い頃ならできたことも、いまの自分では無理だと考えてしまうのです。

先日も、ある女性から相談がありました。

その人は中小企業で、長く経理をしてきた人なのですが、昔の部下が、自分の会社を起こすことになって、その経理を見てもらえないかと頼まれたそうです。

「もう70歳になって、新しい会社の経理を見るなんて、自分にはできないと思うんです。もしも途中で病気にでもなったら、かえって迷惑をかけることになりますし……どう断ったらよいでしょうか」

彼女は、経済的には困っていないのです。だから、働く必要があるわけではないので、断ることを考えています。

「断るなら、早いほうがいいですよ。先方にも予定があるでしょうから。でも、もしも、少しくらいなら手伝ってもいいと思う気持ちがあるなら、思いきって、引き受けてみてはどうでしょうか？　病気になったらなったときのことで、また考えたらよいのではありませんか？」

まじめな人ほど、先々の心配をしてしまうものです。

でも、先のことがわからないのは、40代でも70代でも同じです。

やってみたら、何とかできたということもあります。

私が出版社を起こしたのは、82歳のときでした。

一つの会社を起こそうと思ったら、10年先、20年先を考えるものです。私の場合は、先のことはまったく考えていなかったと思えば嘘になりますが、それよりも、とりあえずやってみよう、という気持ちのほうが強かったのです。

そして今年、その会社は創業8年になります。心強い社員も増えてきて、会社としての力をつけてきました。

私自身は、明日どうなるかわかりませんが、それでも、そのときが来るまでは、粛々《しゅくしゅく》と、自分ができることをしていきたいと思います。

自信は、あとからついてきます。

他人から頼まれるのは、あなたならできると思われているからです。

先のことを考えて、それを断ってしまうなんて、もったいないと思いませんか。もしもお金を稼ぐ必要がないなら、余計に、それを引き受けてあげましょう。相手にすれば、相場よりも安く引き受けてもらえることは、それだけでも有り難いことです。

相談に来られた女性は、フルタイムではなく、毎月の月末の1週間だけ、その会社で、経理事務をすることにしたそうです。

「新しい会社なので、活気があって、私まで元気をもらえています。月末だけの約束なのですが、じつは、それがちょっと待ちきれないほど、会社に行くのが楽しみなんです」

という彼女に、私も嬉しくなりました。

報酬の有無、金額は事前に決めておく

仕事をするときには、報酬についても考えておきましょう。

これは非常に大事なことです。額の多少は関係ありません。

とくに人から頼まれてすることには、事前に、その金額を決めておくことです。

それをしないと、思わぬトラブルになりかねません。

70歳を過ぎて気をつけたいのは、トラブルはできるだけ避ける、ということです。

まずは、その仕事で、報酬をもらうのかもらわないのかを決めておきましょう。

日本人は、とくに昭和を生きてきた私たちは、お金のことが苦手です。

「友人の弁護士にちょっと相談したら、あとで請求書が届いた」といって、文句をいう人がいますが、弁護士の立場からすれば、正当な請求ということになるでしょう。

仕事をしても、「友達だから」「長いつき合いだから」と、安くしたり、タダにしたりということもあると思いますが、それはお互いの合意があって、初めて成り立つことです。

最初はタダでいいと思っても、回数が増えれば、不満になることもあります。だから、そうした行き違い、思い違いが起こらないように、最初に「ルール」を決めることです。

私の考えをいえば、タダ働きはできるだけしないことです。それがトラブルのもとになることもあるからです。

それを避けた上で、もしも経済的に困らないようなら、相手に得をとらせることも、70歳を過ぎたら、大切なことだと思います。それをすることで、これまで受けてきた恩の還元《かんげん》にもなるのではないでしょうか。

稼ぐ方法も変わってきた！

いまもお話ししたように、きちんと報酬をいただくことは非常に大切です。稼ぐというのは、生きる力になります。

自分にはまだまだ稼げる力がある、というだけで、元気が出て、ポジティブに生きていくことができます。

私は最近、「YouTuber」になりました。

「YouTube」という動画配信サービスのシステムを利用して、そこで自分の動画を配信していくのです。私は週に3度は新しい動画を配信します。

配信する内容は何でもよくて、私の場合は、「出版」や「皇室」の裏話、「人生」「運命」「占い」「恋愛」などについて、お話しすることが多いです。

それを見た人、聴いた人が「面白い」と思ってくれると、「フォロワー」となってくれます。そのフォロワー数が多くなると、広告がついて、晴れて「YouTuber」となります。

いまYouTuberはどんどん増えていて、テレビに出たり本を出したりしている有名人も少なくありません。2019年の小学生男子の「将来つきたい職業」ランキングでは、「YouTuber」が1位になって、大人たちをびっくりさせました。

本格的なYouTuberとなると、それなりの動画の編集・配信技術が必要です。でも、そこまで目指さず、動画を配信するということだけであれば、それほど難しくはないようです。

YouTubeでお金を稼ぐことは、簡単ではありませんが、新しいことにチャレンジしてみるということでは意味があると思います。

ところで、いまから10年前、アメリカのデューク大学の研究者であるキャシー・デビッドソンは、ニューヨークタイムズ紙インタビュー（2011年8月）で、次のように語っているそうです。

「2011年度にアメリカの小学校に入学した子どもたちの65パーセントは、大学卒業時に、いまは存在していない職業につくだろう」

「YouTuber」などは、当時はなかった職業です。

AIの発達によって、今後はなくなっていくとされている職業がある一方で、新たに生まれる職業も、たくさんあります。

そんな先のことは自分には関係ない、と思っている人は多いと思いますが、時代というのは、知らず識らず、少しずつ変化していくもので、「気がついたら大きく変わっていた」となるものです。

スマホがいい例ですが、10年前には、これほどスマホが普及するとは、あなたも思っていなかったのではないでしょうか。もちろん私も、思っていませんでした。

けれども、いまや「スマホなし」の生活は、70歳のあなたにとっても、90歳の私にとっても、考えられないものになっています。

働き方も、稼ぎ方も、これから、どんどん変わっていくでしょう。

その変化に無理してまでつき合う必要はありませんが、自分に都合がいいものであれば、拒否する理由はありません。

あっさり、ちゃっかり乗り換えていく、というのはどうでしょうか。

第6章

「環境」を整える

動きやすさを、優先しよう！

70歳になったら、どんなところに住みたいか？

コロナ禍でリモートワークが増えたのを機に、移住を考えたり、実際に移住したり、という人は少なくないようです。

たしかに、住む場所というのは、どこで働くかによって決められるといってもいいでしょう。

東京のオフィスに通うとすれば、電車を乗り継いで1時間以内、人によってはそれ以上の時間をかけている人もいるでしょう。そのために、満員電車に乗ったり、あるいは高い家賃を払ったりしているわけです。

それがリモートワークで出勤しなくてもいい、となったら、「この場所に住んでいなくてもいいかもしれない」と考えるのでしょう。

もしかしたら、そのおかげで、都会に住んでいた子どもや孫たちが地元に帰ってきた、という人もいるかもしれません。

この点においてはコロナ様々で、私たちの生活は、これまでよりも自由になったのかもしれません。

ところで、あなたは、いま、どんなところに住んでいますか?

これからも、いまの場所に住むのがよいか、住んでいたいかを、あらためて考えてみましょう。

住む場所によって、生活というものは大きく変わるものです。

たとえば交通の便がいい場所であれば、移動がしやすくなります。

働きに行くのも、遊びに行くのも、動きやすくなるはずです。

自家用車がないと動けない場所では、運転ができなくなったときには、それまで通りには動けなくなってしまうかもしれません。

70歳を過ぎたら、住む場所は、10年後の自分のことを考えておきましょう。

前で、ホームドクターをもつことが大切だとお話ししましたが、そのホームドクターのクリニックに近い地域に住む、というのも、選択肢の一つかもしれません。万が一、救急車で搬送されるような状態になったときも、同じ地域にホームドクターがいれば、近くの大病院に運んでもらえる可能性は高くなると思います。

観劇が趣味の友人は、一人暮らしになったことを機に、それまでの家を売却して、劇場に通いやすい小さなマンションに住み替えました。

戸建ての家よりも、マンションだとゴミ出しなど便利です。

「独りになったら、それまでの家が急に広く感じて、寂しいような気持ちになりましたが、ワンルームになったら、そうでもなくなりました」ともいっていました。

これからの自分に都合のよい場所、スタイルを整えていきましょう。

住む場所によって、働き方も人づき合いも変わる

前でもお話ししたように、どこで働くかによって、住む場所は決まるといっても過言ではありません。

老後に働きやすいとされている職種として、次の4つが紹介されていました。

（1）タクシー運転手
（2）家事代行
（3）飲食業
（4）事務作業

（「転職サイト比較Ｐｌｕｓ」ホームページより）

タクシー運転手になるには普通自動車第二種免許が必要ですが、それを除けば、とくに資格や免許を必要としないものがあげられています。

考えてみると、70歳を過ぎたら、働くための一番の資格は「健康」かもしれません。

元気であれば何でもできる、といえるほど、体が健康であることが何よりの財産になるように思います。

それはともかく、これらの仕事につく場合には、人里離れた場所に住むわけにはいきません。ある程度、「人が集まる地域」または「その地域に通いやすい地域」に住む必要があります。

年をとったら山にこもる、というような人がいますが、私は、それは現実的ではないように思います。

山にこもるというのは、不便だからです。自分でやらなければならないことが多いし、それも力仕事が大半です。

若いときには、それをするだけの力があるし、いまはインターネットがつながれば、それこそ働くことも、人とつながることも、問題ないでしょう。

でも、70歳を過ぎたら、そうしたことが難しくなります。

年をとればとるほど、人とつながりやすい場所に住むほうが、安心で、楽しいように思います。

それは私が東京生まれだということもあるかもしれませんが、70歳になっても働ける環境、人づき合いがしやすい環境に身を置くことが一番です。

頼れる存在が近くにいるかどうか

老後に誰と住むか、というのは大きな問題です。

若いうちには、誰と住んでも、それほど影響はないかもしれません。いや、影響があっても、その状況を自分で、いかようにも変えられる、ということでしょうか。

年をとると、誰と住むかで、生活のスタイルが大きく変わります。

たとえば、夫婦二人ですごすのと、そこに成人した子どもとその家族が加わるかどうかでは、食事の時間や内容も違うでしょう。

誰と一緒に住んでも、自分たちの好きなものを食べればいい、ということはありますが、それでも、影響は出てきます。

70歳を過ぎた夫婦二人の食卓に、ハンバーグが出ることは少ないのではないでしょうか。食べたくない、ということではなくても、自分でつくってまで食べたくはない、あるいは、自分たちのためにそれをつくることはない、ということがあります。

誰と住むにしても、自分以外の人間と一緒に住めば、その人たちと協調して暮らす必要があるわけです。

子どもや孫と暮らしたいと思っても、それができない、という人は多いでしょう。戦後、日本は核家族が進み、あなた自身も、親とは別に暮らしていたのではないでしょうか。

いまはさらに進んで、首都圏の世帯で見れば、核家族より一人暮らしのほうが多いそうです。その意味では、誰かと一緒に住む、というのは、あまり現実的ではないのかもしれません。

私は一人暮らしではないのですが、友人たちの様子を見ていると、一人暮らしは一人暮らしで、気楽であったり自由であったりするようです。昔ならば、食事や洗濯、掃除などが大変だということもありましたが、いまはコンビニもあれば、便利な家電もたくさんあります。一人で暮らしていくのに、それほど不便はないようです。

けれども、やはり、いざというときに頼れる存在が、近くにいるかどうかで、心強さが違います。

あなたにとって、頼れる存在とは誰でしょうか？

「子ども」のこともあれば、「妻」や「夫」、「きょうだい」や「親戚」という人もいるでしょう。

「友人」という人もいれば、「ご近所の方」という人もいるでしょう。

働いていれば、「職場の人」という人もいるはずです。

繰り返しになりますが、私は82歳で会社を起こしましたが、じつはビジネスパートナーがいます。きずな出版で、二人代表を務めてくれている岡村季子さんです。

彼女は優秀な編集者で、その才能に賭けたところがありました。

編集者になる前は、他の出版社で社長秘書をしていたこともあるのですが、その気遣いは、私だけでなく、社員や取引先にも及びます。「よくも、そこまで気づくものだ」と感心するほどです。

もともと他社で、私の担当編集者だった彼女ですが、

「櫻井先生とこんなにご縁があるとは思いませんでした（笑）。先生と、この出版社を大きくするお手伝いをすることが、私に与えられた運命だと思っています」

といってくれます。つまり、私と一緒に、きずな出版を成功させることを使命だと思ってくれているのです。

「そんな人は、櫻井さんだから現れるのですよ」という人がいるかもしれませんが、私はそうではないと思います。

たとえば、舅《しゅうと》、姑《しゅうとめ》に献身的に尽くしてくれるお嫁さんなどは、私のビジネスパートナーと、同じような気持ちなのではないでしょうか。

隣の部屋に住んでいるというだけで、気にかけてくれる人もいるでしょう。「そんな人は、誰もいない」というのであれば、いまから、そういう人を見つけるのでも遅くはありません。

私だって、岡村さんと出会ったのは70歳をとっくに過ぎていました。

ただし、ただ面倒を見てもらおうと思っても、そうはいきません。

前で、これからの働き方では、相手にも得をとらせることが大切だとお話ししましたが、そういう人にこそ、得をとってもらえるようにすることです。

「私は、編集者としてはもちろん、経営者にしていただいてからも、先生から、たくさんのことを教えていただきましたから、その恩返しでです」

といってくれる岡村さんに感謝しつつ、私は自分で自分をほめたいとも思うのです（笑）。

駆けつけてもらいやすい場所に住もう

そのビジネスパートナーの岡村さんは、会社の近くに住んでいます。私の自宅からも車で20〜30分で、行き来ができます。

第2章で、私が階段を踏み外して入院したときの話をしましたが、じつはこのとき、家族は旅行中で、家には私しかいませんでした。

階段から落ちた私は、激痛で立ち上がれず、数メートル先のスマホまで30分かかって手を伸ばし、やっとこさっとこ岡村さんに電話をしました。

すぐに彼女が駆けつけてくれましたが、これほど心強かったことはありません。家族も、その日のうちに戻ってきてくれましたが、とりあえずは岡村さんが飛んできてくれたことで、安心できたのです。

まさに、「遠くの親戚より近くの他人」です。

なにかあったときに、知らされたほうにとっても「行きやすい場所」にいることは大事だと思いました。

もちろん自分が動きやすい場所というのも大切です。

70歳を過ぎたら、自分にも、何が起こるかわかりませんが、同じように、自分のまわりの人にも、何があるかわかりません。

というのは、やはり周囲の人というのは、同世代が多いからです。

住む場所は、なにかあったときに、駆けつけてもらいやすい場所であるのと同時に、自分も駆けつけやすい場所であることが大切です。

いざ駆けつけたいと思っても、電車やバスがないとたどり着けない、というのでは、時間帯によっては、すぐに駆けつけることができません。

タクシーを飛ばすにしても、2時間もかかるようでは、よほどのことでないと「来てほしい」とはいえません。

50代の知り合いの男性が、地方に住んでいる一人暮らしの母親を、東京に呼びたいが、本人が納得してくれないとこぼしていました。

そのお母さんは80代で、少し認知症の傾向があるというのです。息子としては、心配でたまらないでしょう。けれども、ずっと地方で暮らしてきて、いまさら、その場所を離れられないという、お母さんの気持ちもわかります。

では、どうしたらいいのか――件の男性には厳しいことですが、いまとなっては、どうしようもないように思うのです。症状が進めば、否応なく、お母さんを呼び寄せるか、どこかの施設に入れるかしかないでしょう。

そんな事態にならないために、環境を整えておくことが大事なのです。

10年前であれば、東京での新しい生活にも慣れることができたかもしれません。地元で一人で暮らすということであれば、病気になった場合には、どうするかを決めておくこともできるでしょう。

70歳というのは、その準備のときなのです。

若い頃に憧れた生活を整えよう

家具にも寿命があるのをご存じですか?

ソファなどは、クッションが悪くなったり、カバーが傷んだりするのでわかりやすいかもしれません。その素材や値段にも、だいぶ違いがあるようですが、たいていは10年から20年で買い換えが必要になるようです。

さて、あなたの部屋の家具は、いつ頃にそろえたものでしょうか。

もしも、もう何年も替えていないという人は、この機会に、新しいものにしてみてはいかがでしょうか。

私の女性の友人は、離婚したのを機に、家具をすべて買い換えたそうです。

「せっかく一人になったので、夫の趣味で選んだものは処分して、自分の好きなものだけにしました」

心機一転というわけですが、それくらい思いきったほうが、新しい人生を踏み出しやすくなるのかもしれません。

「70歳」というのは、第二の人生のスタートです。

子どもが巣立っても、部屋はそのままになっているという家も少なくないかもしれませんが、もう子ども部屋はいらないでしょう。

空いている部屋があるなら、自分の趣味のために使いましょう。

私の友人たちは一部屋を、自分の遊び部屋にしています。パター部屋にしている男もいますし、室内電動機関車と遊んでいる男もいます。

一人暮らしであるなら、それこそ遠慮はいりません。

自分の好きに使うことです。

模様替えをするなら、自分が若い頃に憧れた部屋を思い出してみませんか？

あなたは、どんな部屋に住みたいと思っていたのでしょうか？

それを再現するように、一つひとつそろえていくのも楽しいものです。

私は仕事柄、いろいろな作家の書斎を見てきました。

松本清張先生の書斎には、文藝春秋から贈られたデスクが置かれていました。清張さんが、あまりにも古い机を使っていたので、担当者が見かねて会社に相談し、ほぼ同じ型の机を用意したと聞いています。そのデスクには、原稿が書きやすいように、ご自分で考えたトレース台のような台が置かれていました。

机や本棚、椅子などは、その作家によって個性が出ます。

私は原稿は畳に座って、文机でなければ書けないのですが、文机といっても、その幅や奥行き、高さはさまざまです。

その文机に出会うまでには時間がかかって、それを見つけたときには本当に嬉しかったのですが、見つけるまでの時間も、いまになってみれば楽しいものでした。

自分の「サンクチュアリ」をつくる

この章では「環境」を整えるということでお話ししていますが、自分にとって、いかに居心地のいい場所をつくるか、ということがポイントです。

居心地がいいというのは、その場にいるだけで、安心して寛ぐことができる空間です。

なにかイヤな思いをしても、そこに戻れば癒やされる。そんな場所があるかないかでは、私たちの生活は大違いなものになります。とくに高齢の私たちは、病気と近いだけに居心地のよさはとても大切です。

「サンクチュアリ」という言葉を聞いたことがありますか?

私は作家のはしくれなので、ウィリアム・フォークナーの小説を思い出しますが、そこでは「隠れ家」として使われています。

しかし一般的には「聖域」「神聖な場所」と訳されます。私はぜひ、自分自身のサンクチュアリをもつことをオススメします。

自分の家が自分のサンクチュアリだ、というのは理想ですが、家は家族のものでもあります。

サンクチュアリというのは、「自分だけの空間」という意味で、私は使っています。

たとえば、馴染みのバーなどは、男のサンクチュアリとしては最高でしょう。女性であれば尚更です。

馴染みのバーではボトルをキープする人も多いでしょう。自分の名前を書いてもらうのが普通ですが、私は、名前を書かずに「３９０１」という数字にしてもらいます。「サクライ」と読めるでしょう。そういう遊びも、華やぎを心に灯します。

たとえ人がいても、そこに行けば一人の空間を楽しみ、ホッとできる。それがサンクチュアリです。

最近の私の場合は、やはり書斎がサンクチュアリだといえるでしょう。

また、おいしいコーヒーを飲ませてくれる店も、束の間のサンクチュアリになります。

そこでの時間は、本を読んだり、原稿を書いたり、もちろん、何もせずにウイスキーやコーヒーを楽しんだり、誰にも気兼ねなくすごすのです。

誰かと一緒にすごす時間も大切ですが、それ以上に、一人の時間をすごすことも、70歳を過ぎたら大事だと思うのです。

これまでの来し方を振り返る時間が必要だからです。

サンクチュアリは一つだけでなく、自分が行く先々で、それをつくったり、見つけたりできます。それがまた楽しみにもなります。

大切なものに囲まれて暮らす

70歳を過ぎたら、好きなものに囲まれて暮らしましょう。

品物でも人でも、自分が「いいね！」と思えることが大切です。

私の場合は、壺と絵に囲まれています。ことに壺は、手を触れているだけで若返ります。女性の身体に触れている気がするのです。

そんな気になるだけで、人生は楽しくなります。

私は、じつは断捨離《だんしゃり》が苦手です。

本棚を見れば、学生の頃に読んでいた本も、いまだに残っています。学生時代に書いた小説や編集長時代の手帳も、すぐに出して見せられるほどです。

旅先で自分が買ったものや、人からいただいたものも、大きなものから小さなものまで、いろいろあります。

おかげで、私の書斎は、書類の山、本の山でいっぱいなのですが、その中にいるのが、居心地がいいのです。

他の人から見たらガラクタにしか見えないようなものでも、私には、愛おしいものばかりです。

ときどき、思いきって処分しようかと思うのですが、あらためて見てしまうと「やはり捨てられない」と、また仕舞い込むわけです。

でも、そういう愛おしいものがたくさんあるのも、幸せなことではないでしょうか。

それだけ大切なものが多い人生だともいえます。

自分にとっての大切なものを確認することも、環境を整えることになると私は思います。

第7章

「お金」を整える

残すお金についても、考えておこう！

人生設計をシミュレーションする

人生１００年時代――これから先の30年を考えるとき、お金が足りるかどうかが、一番の心配事といっても過言ではないでしょう。

何とかやっていけそうだと思えれば、安心して、人生を楽しむことができるでしょう。そのためにも、本書の最後の章では、お金の整え方をお話しします。

ところで、２０２１年の1月から、みずほ銀行では「個人のお客さま向けコンサルティング」として、ネット上で、人生設計のシミュレーションから金融商品の購入までができるサービスがスタートしました。

「人生１００年時代のマネーナビ」として、「ライフデザイン・ナビゲーション」の頁がありますが、自分の生年月日や家族構成、これからしたいことなどを入力していくと、100歳までにかかる金額が「くらす」「たのしむ」「そなえる」に分けて表示されます。

「くらす」には、「年金」と「生活費」が表示されるので、年金だけではどれだけ足りないのかということもよくわかります。

みずほ銀行の口座がなくても、ネット上で試せるので、一つの目安として見るのは便利かもしれません。

このサービスを利用するしないにかかわらず、人生100年として、何歳で、どんなことにお金が必要になるのか、ということを書き出してみましょう。

たとえば77歳になったら、「自分の喜寿のお祝いの会を開く」として予算を入れるのです。それだけで、77歳になることが楽しみになりませんか？

同様に傘寿や卒寿の予定を入れておくのもいいでしょう。

私は9年後に、99歳の白寿の会を開こうと計画しています。そうすると、それまでは元気でいようと思うし、元気でいられるような気分になります。

私は顔相、手相も観ますが、手相では健康運と財運は同じ線で観ます。つまり健康で長寿ということは、それだけ財運があると解釈するわけです。

今後の予定には、暮らすための必要経費もありますし、人によっては、家のリフォームなどの大きな出費もあるかもしれません。

いまから予定していれば、準備もできれば心配が減るだけでなく、楽しみにもなります。

まずは、これからの人生設計を立ててみましょう。

「万が一」に備える

人生設計には、万が一の場合も考えておかなければなりません。

たとえば妻や夫が病気になったら、その介護費も必要になります。

もちろん自分が病気になることも考えておかなければなりません。

そうした万が一に備えて、生命保険をかけている人は少なくないでしょう。

ところで、じつは生命保険市場は、人口減少共働き世帯の増加で、縮小傾向にあるそうです。けれども、日本生命の清水博社長は、「長生きすればするほど、さまざまなニーズが出てくる」として、2021年、少額短期保険（ミニ保険）事業の新会社を設立する方針であることを発表しました。

ペットが死んでしまった場合のペット保険等もあるようで、たしかに、そう考えると、備えておきたいことは、いろいろあることに気づきます。

とくに新型コロナウイルスの感染拡大で緊急事態宣言が発出されるなど、それまでには思いもかけない事態が続きました。

もともとイメージしていた人生設計が、それによって大きく変わってしまったという人も少なくないかもしれません。

不況が続くと、勤め先がつぶれてしまったり、定年が早まったりということも起きてくるでしょう。

そうした場合にも備えておかなければならないと思うと、不安は募るばかりですが、いたずらに焦ったり、心配しすぎたりしないようにしましょう。

万が一の備えというのは、お金の準備だけでなく、心の準備も含まれます。

心を強くしておくことで、乗り越えられることもあります。

老後にお金は、いくら必要か

老後のお金というと、「老後資金２０００万円問題」を思い浮かべる人は多いでしょう。夫婦二人で30年暮らしていくのに、年金だけでは２０００万円足りない、ということですが、本当にそうなのでしょうか。

そもそも、なぜ「２０００万円」かといえば、２０１７年の高齢夫婦無職世帯（夫65歳以上、妻60歳以上夫婦のみの無職世帯）の毎月赤字額（実収入−実支出）の平均値がおおよそ５・５万円だというところから、平均余命を30年で計算すると、その合計が、１９８０万円になるのです。

これが余命を20年で計算すれば、１３２０万円になります。

それで考えれば、その余命によって２０００万円足りないとはいいきれない、となります。また無職ではなく、少しでも収入があれば、その分だけでも補《おぎな》えるわけです。

「2000万円ないと80歳を過ぎて路頭に迷ってしまうのではないか」などと不安に思うことはないようです。

ただし、毎月5万円以上の赤字があるということでは、それほど楽観もできません。

実際、たいていの高齢者世帯は、退職金などの貯蓄を取り崩しながら、やりくりしているようです。

それで何とかなっている人が多いということです。

生活費というのは、生活のしかたでその金額は変わります。工夫次第で、赤字の額を抑《おさ》えることもできるでしょう。

いかにお金をかけないか、ゲーム感覚で節約をしていけば、それを楽しみに変えることもできるのではないでしょうか。

葬儀のスタイルを決めておく

葬儀のスタイルが変わってきているそうです。

コロナ禍のあいだは感染リスクを避けるため、葬儀をするにも、これまでのように友人や知人はもちろんのこと、親族でも参列者の数を制限しなければならなくなりました。

そのため、葬儀といっても火葬のみ、あるいは家族だけの「家族葬」が増えているようです。

あなたは、自分の葬儀をどんなふうに行いたいと思いますか?

家族にいえば、「そんな、縁起でもないことを」と避けられることもあるかもしれませんが、葬儀は、人生の最後の締めくくりです。

元気なうちの今だからこそ、自分の葬儀について考えておきましょう。
かくいう私も、折に触れて考えています。
たとえば、葬儀には次のようなスタイルがあります。

（1）一般葬（葬儀式・告別式）
（2）家族葬・密葬
（3）一日葬
（4）直葬（火葬式）
（5）自由葬（お別れの会・偲ぶ会）
（6）社葬（団体葬）・合同葬
（7）自宅葬
（8）生前葬

いずれにしても信仰、宗教によって形式はそれぞれに違いはあるでしょう。

（1）の「一般葬」は、私たちがこれまで普通に経験してきたスタイルです。遺族や、故人と親しい関係の人たちが集まって、最後のお別れをします。

「家族葬」は、文字通り、家族だけ、ごく限られた親族だけで行うものです。昔に比べると、以前からこのスタイルを選ぶ人が多くなっていましたが、コロナ禍を経て、一般葬よりも家族葬のほうが一般的になりつつあるようです。

「一日葬」は、通夜を行わず、葬儀・告別式のみを一日で行う葬儀です。一日で済むので参列者の負担が少なく、費用も抑えることができます。

「直葬」とは、火葬のみを行うものです。新型コロナウイルスの感染者が亡くなられた場合は、このスタイルを選ばざるを得ないということもあったようです。

遺族に負担をかけたくないということで、故人の遺志として「直葬」を選択する方が増えているそうですが、いわゆる一般的な葬儀をしないことで、遺族に対して、親戚や知人から不満が出たり、ときには非難されるようなことがあるようです。あとでトラブルが起こらない配慮も、必要かもしれません。

伝統的な形式にとらわれたくない、という場合には、「自由葬」が選ばれることが多いようです。「音楽葬」など、故人らしいお別れ会を開くことができます。

会社の社長や会長などが亡くなったときに、会社主催で行うのが「社葬」です。社長の葬儀でも、遺族が主催する場合には、「個人葬」「一般葬」になります。

遺族と会社が合同で主催する場合は、「合同葬」となります。

会社を経営している場合には、亡くなったあとの会社のことも考えておかなければなりません。社長や会長が亡くなることで、取引先との関係が変わってしまうこともあります。その意味では、社長が何歳でも、万が一の対策を講じておくというのは、経営者の責任でもあるように思います。

葬儀は斎場やセレモニーホールを使用するのが一般的ですが、故人が慣れ親しんだ自宅で行うこともできます。それが「自宅葬」です。最後の最後で自分の家に招くというのは、それこそ、自分らしい葬儀になるかもしれませんが、近隣の方に迷惑をかけることもあり、その点の配慮が必要です。

マンションなどでも葬儀を行うことは可能なようですが、事前の確認はしておくことです。

ちなみに普通のマンションでも、エレベーターで棺を運ぶことは不可能ではないようです。最近のエレベーターには、大きなものを運搬するための設備が整っていることが多く、奥のほうに設けられた扉を開けるなどすれば棺を納めることができるそうです。

最後に「生前葬」は、読んで字のごとく、生前に執り行う葬儀です。自分が生きているわけですから、自分の好きなように行うことができます。有名人で、桑田佳祐さん、小椋佳さん、アントニオ猪木さんなどは、すでに生前葬を済ませています。

状況が許すなら、直接、生前の感謝を伝えるには、いい機会となるかもしれません。

葬儀の会場に何を掛けるか

私は、まだ自分の葬儀のスタイルは決めていません。

ただ一つだけ、ビジネスパートナーの岡村さんにも、すでに頼んであることがあります。

それは、葬儀の会場に、一枚の書を掛ける、ということです。

その書は、書家の矢萩春恵先生の手によるもので、いまから10年以上前、70代半ばの頃に、矢萩先生の個展で求めたものです。

矢萩先生のプロフィールは、次の通りです。

「共立女子薬科大学（現・慶應義塾大学薬学部）卒業。東京大学医学部薬学科（現・東京大学薬学部）選科1年修了。手島右卿（漢字）、町春草（かな）に師事。１９５８年

〜日展入選（6回）。1989〜91年、ハーバード大学客員教授として東洋美術史学科の「書」の講座を担当。2003年、毎日書道顕彰啓蒙部門受賞、2008年、文化庁長官賞受賞」

先生とのおつき合いは、もう50年近くになります。2017年には、「矢萩春恵と門人書展」が開催され、小泉純一郎さん、コシノヒロコさん、片岡鶴太郎さんや佐久間良子さんなどなど錚々たる方たちとともに、私も、その末席に出品させていただきました。

それは別として、矢萩先生のこの書は『書、そして忠臣蔵』に出品されたものですが、この文字を見るなり、私は自分の葬儀に飾ることを考えました。

それには、

「では　お先に」

という文字が書かれています。

この言葉は、忠臣蔵の大石内蔵助《くらのすけ》の長男、大石主税《ちから》が、最初に選ばれて、切腹の場に向かう際に、同志たちにかけたものとされています。

私も、この言葉とともに、皆様とお別れしたいと思ったのです。

じつはこれを購入するとき、他にもお二方、欲しい方がいたそうです。銀座「和光」での展覧会だったのですが、私がいち早く申し込むことができました。

素人考えですと、同じものを矢萩先生に書いていただければよいように思うのですが、先生はそうはいかないようです。

やはりその一文字に、それこそ魂を込めて書かれるためでしょう。

それをうかがうと、その書が私のところに来た意味もあるように思います。

当時、私の他にこの書を欲しいといわれた方たちは、お二方とも有名人でしたが、それから間もなく鬼籍に入られています。

葬儀の準備をすることで、逆に、生きるエネルギーをいただくこともあるのかもしれません。

税金についても勉強しておく

お金のことを整えるときに、税金についても知っておきたいものです。自分が死んだときに、家族にどれくらいの相続税がかかるのか、という点は、誰でも気になるところでしょう。

まずは、いくらまでなら税金はかからないのか、ということでいうと、次のようになるそうです。

基礎控除額＝３０００万円＋６００万円×法定相続人の数

法定相続人というのは、まずは配偶者と子どもというのが該当します。

配偶者が生きていて、子どもが2人の場合には、法定相続人は3人になります。

つまり、

「3000万円+600万円×3人」=4800万円

財産が4800万円以下の場合には、相続税はかからない、ということです。

さらに、生命保険金や死亡退職金が支払われた場合には、財産とは別扱いで、それぞれ「非課税限度額」(500万円×法定相続人の数)が設定されています。

法定相続人が3人の場合には、生命保険金では1500万円、死亡退職金では1500万円の控除が受けられます。

この控除の範囲内であれば、相続税は免除される、ということです。

では自分の財産がいくらになるのか、というと、預貯金や株などであれば計算しやすいかもしれませんが、いま住んでいる家などの価値はどうなるのか、などとなると、よくわからない、という人は少なくないでしょう。

あらためて、相続税について知っておくために、それについての本を読んだり、インターネットで調べたりしてみるとよいでしょう。

もちろん、税理士の先生に相談できれば安心です。

生前に財産を分与しておくという場合には、相続税ではなく、贈与税がかかることもあります。

ただし、これも控除額があるので、それについて知っておくのもいいでしょう。

また葬儀の際の香典は非課税ですが、その他の葬儀費用については、少し難しいので、専門家にお願いするほうが無難です。

お金のこと、とくに税金のことは、難しいと思ってしまいがちですが、頭の体操と思って、勉強するのはどうでしょう?

自分にとっても、家族にとっても大事なお金のことですから、勉強のしがいもある、というものではないでしょうか。

先のことを心配しすぎない

老後のために、ある程度は蓄えてきた、という人でも、この先のことを思うと、果たして自分のお金が間に合うのか、「まったく不安はない」という人は少ないでしょう。

ましてやコロナ禍を経て、世界的な不況の時代を迎えているといわれています。70歳を過ぎた自分のことは、どうにかなっても、子どもや孫たちのことを思うと心配の種は尽きません。実際に、子どもの商売がうまくいかなくなったり、リストラされたり、という人もいるかもしれません。

私の知り合いの女性も、息子さんがコロナ禍のときに会社をやめて、とても心配されていました。

会社の業績が悪くなって、独立されたようです。

親からすれば、「こんな最悪の状況で会社をやめてしまうなんて理解できない」となりますが、子どもも、もう大人です。40歳を過ぎた子どもに、親ができることはない、と私は思っています。

もちろん頼ってきたら、助けてやりたいとは思いますが、それでも自分の生活を、最優先に考えなければなりません。助けを求めてこないなら、何とかやっているのだろう、と考えます。

自分のことを振り返っても、そうだったのではありませんか？

子どもというのは、たとえ苦しくても、親には心配をかけないように、がんばっているものです。その結果、若さで何とか乗り越えるものです。

70歳を過ぎたら、子どもや孫のことでは、心配しすぎないようにしましょう。心配するのではなく、信じることです。心配しすぎるから、詐欺《さぎ》の被害に遭うのです。子どもを思う気持ちに、詐欺集団はつけこむわけですが、父親、祖父よりも、母親、祖母のほうが詐欺にかかりやすいようです。

先のことを、準備しておくことは必要ですが、心配しすぎるのはＮＧです。人生１００年時代と考えると、「あと30年も生きられない」と思うかもしれませんが、そこまで考える必要はないのです。

じつは人生１００年時代というのは、いま生まれた子どもたちの人生のことで、いま現在（２０１９年調べ）の日本人の平均寿命は、男性81・４１歳、女性87・４５歳です。

もちろん平均ですから、もっと長生きする人もいるわけです。反対に、もっと早く亡くなる方も大勢いらっしゃるのです。

死んでも家族が困ったり、揉めたりしないようにしておくことは大切ですが、人生で大切なのは、いまを楽しむことです。

整えるのは、そのためだということを忘れないでください。

おわりに
足るを知ることで、70歳からが楽しみになる

最近の私は、オンラインでの講演会やセミナーを開催することが多くなりました。

これまでにも講演会や勉強会などを開いてきましたが、コロナ禍で、直接お会いする機会は、ほとんどなくなりました。

私が初めて本を出版したのは55歳のときでしたが、その本のおかげで講演することが多くなり、これまでの講演数は１０００回くらいにはなるかもしれません。

でも、90歳を目前にコロナ禍となっては、「もう人前で話すことはなくなるのか」と残念に思っていました。

けれども、時代とは面白いもので、オンラインで、いままでと同じように話ができるのです。正確にいうなら、いままで以上に、たくさんの人たちに話ができるようになりました。

直接の講演会であれば、会場が遠かったり、時間帯が合わなかったりで、来られる方というのは限られますが、オンラインになったことで、もっと自由に、全国の人とつながることができるようになったわけです。

そうして、つい先日も、作家の本田健さんのオンラインサロンにゲストとしてお招きいただいて、お話ししたのですが、オンラインだと感想も、その場でダイレクトに届きます。

その中で、90歳の私を見て、「長生きしたくなりました」というメッセージがありました。70代の女性の方でしたが、それこそ、私は自分の使命が果たせたような気持ちになりました。

90歳になった私が、皆さんに伝えられるのは、「長生きするといいことがありますよ」ということです。

これは私に限ったことではなく、私たちは誰もが、自分のあとを生きる人たちに、「あんなふうになりたい」と思ってもらえる生き方を見せなければなりません。40代、50代の人たちが、希望がもてるような60代、70代にならなければ、世界は暗くなるしかありません。

私は、人生は明るく、楽しいのが一番だと思っています。

足りないものを数えあげたらキリがありません。

自分にあるものを、見つけることが、幸せな人生を送る秘訣ともいえます。

不安がいっぱいのときこそ、自分にあるもの、足りているものを整えていきましょう。

著　者

●著者プロフィール
櫻井秀勲（さくらい・ひでのり）

1931年、東京生まれ。東京外国語大学を卒業後、光文社に入社。遠藤周作、川端康成、三島由紀夫、松本清張など文学史に名を残す作家と親交をもった。31歳で女性週刊誌「女性自身」の編集長に抜擢され、毎週100万部発行の人気週刊誌に育て上げた。55歳で独立したのを機に『女がわからないでメシが食えるか』で作家デビュー。以来、『運命は35歳で決まる！』『子どもの運命は14歳で決まる！』『60歳からの後悔しない生き方』『70歳からの人生の楽しみ方』『80歳からの人生の楽しみ方』『昭和から平成、そして令和へ——皇后三代——その努力と献身の軌跡』『誰も見ていない 書斎の松本清張』『三島由紀夫は何を遺したか』など、著作は210冊を超える。

▣ 著者公式HP
https://sakuweb.jp/

▣ YouTubeチャンネル「櫻井秀勲の書斎」
https://www.youtube.com/c/sakuraihidenori

▣ オンラインサロン『櫻井のすべて』
https://lounge.dmm.com/detail/935/

70歳からの人生の整え方
「自分のリズム」で元気に生きる！

2021年3月20日　初版第1刷発行

著　者　櫻井秀勲

発行者　岡村季子
発行所　きずな出版
東京都新宿区白銀町1-13　〒162-0816
電話 03-3260-0391
振替 00160-2-633551
https://www.kizuna-pub.jp/

ブックデザイン　福田和雄（FUKUDA DESIGN）
編集協力　ウーマンウエーブ
印刷・製本　モリモト印刷

ISBN978-4-86663-137-0

きずな出版

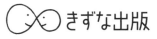